Devocional de 90 dias

FORÇA

Encontrando **paz** e **esperança**
em dias sombrios

Publicações
Pão Diário

*Por isso não tema, pois estou com você;
não tenha medo, pois sou o seu Deus.
Eu o fortalecerei e o ajudarei; eu o segurarei
com a minha mão direita vitoriosa.*

ISAÍAS 41:10

Há esperança e alívio para a preocupação, a ansiedade e a depressão. Neste devocional de 90 dias, você encontrará, na situação de vulnerabilidade de Katara Washington, encorajamento, sabedoria espiritual e passos práticos que conduzem à cura e à liberdade. Cada dia contém uma mensagem ímpar e com a qual nos identificamos, uma passagem bíblica edificante e fatos extraídos da vida de muitas pessoas, inclusive da vida do próprio Jesus, que encontraram força e consolação em Deus durante seus tempos mais sombrios. Use este devocional para clamar ao Deus que ouve, ama e ajudará você.

Katara Washington Patton é editora-chefe da *Our Daily Bread Publishing's Voices Collection*. Escreveu vários livros, inclusive *Successful Women of the Bible* (Mulheres de sucesso na Bíblia, tradução livre) e foi editora do jornal Chicago Defender e da revista *Jet*. É mestre em jornalismo pela Northwestern University e mestre em teologia pelo Garrett-Evangelical Theological Seminary. Nascida em Thibodaux, Louisiana, Katara e seu marido residem com sua filha na zona sul de Chicago.

"*Força — Encontrando paz e esperança em dias sombrios*, o devocional de 90 dias de Katara Patton, é maravilhosamente cristalino e transformador! Os conceitos e ideias me foram muito úteis quando lutei com a dúvida, o medo e a insegurança. Encontrei grande alívio nas pequenas joias de sabedoria prática, histórias pitorescas e textos das Sagradas Escrituras aqui compartilhados. Por ser defensora da saúde mental e receber ajuda nessa área, posso afirmar que o livro de Katara Patton será uma bênção para aqueles que necessitam de palavras práticas de orientação e encorajamento."

—REVA. ERICKA BAILEY, palestrante, autora e defensora da saúde mental

"*Força — Encontrando paz e esperança em dias sombrios* é uma ferramenta útil para os cristãos que sofrem de depressão, ansiedade ou outros desafios na saúde mental durante tempos difíceis. Patton oferece encorajamento para enfrentar a tristeza profunda com autocompaixão, sinceridade e fé. O devocional apresenta estratégias práticas e com as quais nos identificamos e que colaboram para a cura. Patton compartilha sabedoria adquirida de suas experiências com depressão e usa a oração, a afirmação e a ação para orientar os leitores em ocorrências comuns, mas isoladas, de depressão."

—KESHA S. BURCH, PhD, conselheira profissional clínica licenciada, principal terapeuta do corpo docente e dos funcionários do The Family Institute, na Northwestern University

"Estes devocionais diários oferecem reconhecimento, aceitação, afirmação e assistência. Ao misturar sabedoria aplicada com verdades bíblicas, a autora conduz seus leitores, com compaixão e eficiência, para Aquele capaz de nos orientar com segurança para sairmos da mais profunda tristeza rumo à Luz."

—SANDRA BYRD, autora de *The One Year Experiencing God's Love Devotional* (Devocional um ano experimentando o amor de Deus, tradução livre)

"Em geral, os crentes têm dificuldade de aceitar suas emoções negativas porque acreditam que elas contradizem sua fé. No entanto, *Força — Encontrando paz e esperança em dias sombrios* oferece espaço para os filhos de Deus serem vulneráveis, sem sentir medo ou vergonha, à medida que encontram consolação para o sofrimento, sabendo que Deus ouve o clamor de Seus filhos e nos socorrerá em meio às tempestades. Este livro convida você não só a enfrentar situações que evita intencionalmente em razão do julgamento de outras pessoas ou sentimento de culpa, mas também a confiar na caminhada quando você começar o processo de cura e experimentar o dom da vida plena concedido por Deus."

—JASCLYN N. CONEY, mestre em psicologia clínica, Medicine Division

"Estes devocionais proporcionam um espaço seguro que nos possibilita refletir e ser vulneráveis para superar nossos medos."

—LETICIA RANSOM, SHRM-CP (Certificado Profissional pela Sociedade para Administração de Recursos Humanos), PHR (Profissional em Recursos Humanos), Mestre em Administração de Empresas

"*Força — Encontrando paz e esperança em dias sombrios* não é um livro apenas oportuno; fala sem rodeios de um assunto que muitos cristãos disfarçam com: 'Sou abençoado demais para estar estressado (ou deprimido).' Por ser uma pessoa que luta com a depressão e a ansiedade, aprecio a vulnerabilidade da autora ao apresentar a parte 'Minhas confissões'. O modo como o livro é estruturado facilita a leitura e a compreensão do texto; há dias em que mal temos força para sair da cama, muito menos para ler a Palavra de Deus, e, quando você se sente desse jeito, por onde começa? Mesmo quando me sentia assim, a autora me orientou a ler um texto específico das Escrituras que fala àquele espinho incômodo. Finalmente, 'Progresso, não perfeição' é um encerramento maravilhoso do devocional diário por apresentar passos simples e encorajadores para eu ser gentil comigo mesma. *Força — Encontrando paz e esperança em dias sombrios*, de Katara Washington Patton, fala ao coração e às angústias da tristeza profunda."

—DRA. STACEY HOLMAN, defensora da saúde mental e cineasta

"Katara Washington Patton criou uma coleção de meditações que dizem respeito à crise existencial que enfrentamos como pessoas de fé. Como conviver com a tristeza interna e externa que enfrentamos em nosso país? A Sra. Patton responde à pergunta com profundeza espiritual, sabedoria bíblica e *insight* teológico. Todos nós, seres humanos feitos à imagem de Deus, enfrentaremos períodos de tristeza; a pergunta para as pessoas de fé sempre será: Somos capazes de encontrar acordes evangélicos entre as notas tristes da vida? Este livro nos oferece um roteiro para lidar com as notas tristes e reaver nosso brado evangelístico!"

—REV. DR. OTIS MOSS III, pastor titular da Trinity United Church of Christ e professor de homilética da MacAfee School of Theology

"Como eu gostaria de ter lido *Força — Encontrando paz e esperança em dias sombrios* quando estava presa nas garras da depressão. Katara Patton passou pela mesma experiência e lutou com o conselho bem-intencionado, porém incorreto, de irmãos cristãos que estavam certos de que ela venceria se sua fé fosse suficientemente forte. Repletos de fé, compaixão, compreensão e grande sabedoria, estes devocionais proporcionam consolo, discernimento e ferramentas práticas e simples para nos ensinar o caminho da cura completa, um passo após o outro."

—MICHELLE RAPKIN, autora e editora

"Este devocional é muito necessário e simplesmente maravilhoso. A depressão é um assunto sério ao qual a igreja deve dar mais atenção. Este tipo de ajuda proporciona aos que sofrem um meio de confrontar seus problemas e dar início ao processo de cura. Recomendo veementemente sua leitura."

—REV. DR. VIRGIL M. WOODS, autor e pastor

Devocional de 90 dias

FORÇA

Encontrando **paz** e **esperança**
em dias sombrios

Katara Washington Patton

Originally published in English under the title
*Navigating the Blues: Where to Turn When Worry,
Anxiety, or Depression Steals Your Hope*
©2022 by Katara Washington Patton
Our Daily Bread Publishing, PO Box 3566, Grand Rapids,
MI 49501, USA. All rights reserved
Tradução e impressão em português com permissão
©2024 Publicações Pão Diário, Brasil. Todos os direitos reservados.

Coordenação editorial: Adolfo A. Hickmann
Tradução: Maria Emília de Oliveira
Revisão: Céfora Carvalho, Dalila de Assis, Jordânia A. Siqueira, Marília P. Lara
Coordenação gráfica: Audrey Novac Ribeiro
Projeto gráfico: Rebeka Werner
Capa: Gabriel Ruiz Araújo

Dados Internacionais de Catalogação na Publicação (CIP)

PATTON, Katara Washington

Força — Encontrando paz e esperança em dias sombrios

Tradução: Maria Emília de Oliveira, Curitiba/PR, Publicações Pão Diário

Título original: *Navigating the Blues: Where to Turn When Worry, Anxiety, or Depression Steals Your Hope*

1. Devocional   2. Vida cristã   3. Mulheres   4. Depressão   5. Ansiedade

---

Proibida a reprodução total ou parcial, sem prévia autorização, por escrito, da editora. Todos os direitos reservados e protegidos pela Lei 9.610 de 19/02/1998. Quando autorizada, a reprodução de qualquer parte desta obra deverá conter a referência bibliográfica completa. Permissão para reprodução: permissao@paodiario.com

Exceto se indicado o contrário, as citações bíblicas são extraídas da Nova Versão Internacional, NVI © 1993, 2000, 2011, Biblica, Inc.

Publicações Pão Diário
Caixa Postal 9740
82620-981 Curitiba/PR, Brasil
publicacoes@paodiario.org
www.publicacoespaodiario.com.br
Telefone: (41) 3257-4028

UE737 • ISBN: 978-65-5350-484-4

1.ª edição: 2024

Impresso no Brasil

*A todas as minhas irmãs que lutaram,
ou que estão lutando, com a depressão, a ansiedade
e outros problemas relacionados à mente.
Entendo vocês. Oro por vocês.*

*Agradeço a todos os meus amigos que compartilharam
suas lutas e caminharam comigo nesta jornada.*

SUMÁRIO

Introdução 21
1. Grite em alta voz 25
2. Alma abatida 28
3. Quando sentimos angústia – Parte 1 30
4. Quando sentimos angústia – Parte 2 33
5. Ajuda para a ansiedade 36
6. O poder da música 38
7. Uma forma de abençoar os outros 40
8. Pegue a minha mão, precioso Senhor 43
9. Um refúgio 46
10. Lições aprendidas com a depressão 48
11. Outras lições aprendidas com a depressão ... 50
12. Em tempos de luto 53
13. As festas de fim de ano e a tristeza profunda ... 56
14. Outro tipo de luto 59
15. O que fazer com a preocupação 62
16. Um coração alegre 65
17. Seja gentil consigo mesma 67
18. Seja bondosa consigo mesma 69
19. Isolamento 71
20. Alguns poucos bons amigos 74
21. Amigos e palavras 77
22. Amigos e outras palavras 80
23. O ritmo livre da graça 83
24. Há tempo para tudo 86
25. Reconheça as emoções 89
26. Não desanime 92
27. Os vales da vida 94

28. Afogamento 96
29. Uma luta diferente – Parte 1 99
30. Uma luta diferente – Parte 2 102
31. Distorções 105
32. Intercessão 107
33. Desapegue das expectativas 110
34. Teste do pensamento 113
35. Um bom choro 115
36. Exercício físico 118
37. Mais sobre exercício físico 121
38. Lutando com a tentação 124
39. Escolha a amabilidade 127
40. Você faz tudo melhor quando se sente melhor 129
41. Não se envergonhe 132
42. Um pouco de luz 135
43. Vida de aventura? 137
44. Nosso testemunho 140
45. Levantando os olhos 143
46. Melhorando – Parte 1 145
47. Melhorando – Parte 2 148
48. Melhorando – Parte 3 151
49. Vida plena 154
50. Transtorno de estresse pós-traumático – Parte 1 156
51. Transtorno de estresse pós-traumático – Parte 2 159
52. Respiração 162
53. Descanso 164
54. Por que descansar? 167
55. A promessa da manhã 170
56. Aquiete-se 173
57. O poder da sinceridade 175
58. Aceitação e mudança 178
59. O espírito da depressão 181

60. Trocando de roupa 184
61. O poder da água 186
62. Foco 189
63. Hiperfoco 192
64. Verdades para se apegar – Parte 1 195
65. Verdades para se apegar – Parte 2 198
66. Verdades para se apegar – Parte 3 200
67. Verdades para se apegar – Parte 4 203
68. Se Deus fez isso antes… 205
69. Propósito para hoje 208
70. Uma súplica a Deus 211
71. Um passo por vez 214
72. A vontade de Deus 217
73. O tédio e a tristeza profunda 219
74. Lembranças 222
75. A verdade a libertará 225
76. Ah, as emoções… 227
77. A boa mudança 230
78. Dias difíceis 232
79. Rituais 235
80. Ajude alguém 238
81. Não desista 241
82. Lista de desejos 244
83. Disciplina nas redes sociais 247
84. Ponto e vírgula 250
85. Quando é difícil orar 253
86. Renda-se ao lamento 255
87. Progresso, não perfeição 257
88. É trabalhoso 260
89. Adie a tomada de decisões 262
90. Você vai vencer 265
Sobre a autora 269

INTRODUÇÃO

Permita-me começar dizendo: sou uma cristã que sofreu de depressão por muitos anos. Durante parte desse tempo, dormi silenciosamente mais do que gostaria de admitir, comi mais do que deveria (principalmente chocolate) e andei de um lado para o outro sentindo-me anestesiada. Em outras ocasiões, segui o conselho de alguns amigos confiáveis, busquei ajuda na psicoterapia, orei com determinação, tomei remédios e coloquei em prática alguns passos que menciono neste livro.

Desde que comecei a lidar com minhas crises de depressão, passei a me preocupar com a reação de nossa comunidade de fé às doenças mentais em geral; alguns cristãos, não todos, andam por aí recitando versículos como se fossem uma panaceia capaz de curar a ansiedade, a depressão e outros distúrbios mentais. Até pouco tempo atrás (mais precisamente nos últimos anos), muitas igrejas e pessoas de fé não sabiam sequer que há muita gente sofrendo de problemas mentais; elas varriam o assunto para debaixo do tapete ou, me atrevo a dizer, para debaixo da roupa santa e do manto sagrado de estar vivendo bem, ou de serem abençoadas e extremamente favorecidas. Além de observar que é raro nossas igrejas darem apoio aos que sofrem com a depressão, a tristeza profunda, a ansiedade e outros transtornos mentais, fui informada por pessoas queridas que tudo o que eu necessitava era de uma Bíblia e de Jesus. Porém, mesmo sendo uma pessoa de fé que crê no poder da oração, e que orava muito por alívio, continuava sofrendo. Então, o que isso dizia a respeito de minha fé?

Como o cristão pode seguir em frente quando suas orações por alívio parecem não receber resposta? Não questionei minha fé durante esse período nem o poder de Deus para me curar; no entanto, frequentemente me mantive em silêncio sobre como me sentia para evitar os gracejos e as soluções "simples" (ou insensíveis, eu diria) oferecidos pelos cristãos para uma doença complexa.

Depois de encontrar alívio aos poucos durante uma determinada crise, decidi falar sobre a experiência que tive com a nuvem escura conhecida como depressão. Foi uma atitude ousada porque muita gente não sabia o que eu havia sofrido. Normalmente, sou uma pessoa muito alegre e animada; sei usar bem a máscara, mas ninguém convive comigo 24 horas por dia, a não ser Deus, portanto, somente Ele sabia o que e como eu sofria. Quando falei sobre a depressão, recebi muitas mensagens confidenciais de amigos, de conhecidos e até de estranhos. Havia colocado em palavras o que outras pessoas sentiam.

Uma das coisas mais úteis deste mundo é ser vista, ser conhecida — não julgada, mas simplesmente conhecida. O que eu disse foi bem acolhido por muita gente, pois descreveu alguns sentimentos que outras pessoas também nutriam. E lá estava eu continuando a manter a fé, a orar, a buscar Deus e a confiar nele, embora tenha de admitir que, em muitos dias, eu estava bem abatida.

É por esse motivo que eu conto minha história por meio destas reflexões. Não estou apresentando cura — o Senhor sabe como eu gostaria. E deixo bem claro: não sou terapeuta. Sou uma mulher que lidou com a depressão e pensou nela por mais dias do que gostaria de lembrar. Neste devocional, apresento mensagens da Palavra de Deus que me ajudaram a atravessar dias sombrios. Não estou deixando a fé de lado por ter buscado ajuda; espero demonstrar como a coloquei em ação para caminhar rumo à cura, mesmo nos dias em que me sentia paralisada e sem fazer progresso ou, pior, voltando ao meu lugar escuro. E foi por isso que, no final de cada devocional, incluí:

- afirmações para você repetir (com a finalidade de encorajar a si mesma);
- ações para você pôr em prática (progresso, não perfeição): pequenas sugestões para incentivá-la a dar mais um passo em direção à cura total; e
- uma oração para ajudá-la quando as palavras não saem com facilidade.

Oro neste momento para que você encontre neste livro um pouco de conforto e alívio nas palavras que escrevi; oro para que você se sinta encorajada a buscar qualquer ajuda de que necessita para atravessar seus dias sombrios; e, acima de tudo, oro para que você continue a seguir em frente, sabendo que a cura é um processo e que hoje você pode dar um pequenino passo nessa direção (você escolheu este livro, afinal!). Oro para que Deus revele Sua força a você neste dia e lhe conceda exatamente o que necessita.

Lembre-se: *se você está nutrindo pensamentos suicidas ou pensando em causar mal a si mesma, busque ajuda! Sugerimos que ligue para o Centro de Valorização da Vida (CVV), disque 188. Não sofra sozinha. Mantenha esse número à mão e use-o se for necessário.*

Mateus 27:45-50 — 1

GRITE EM ALTA VOZ

Por volta das três horas da tarde, Jesus bradou em alta voz: "Eloí, Eloí, lamá sabactâni?", que significa "Meu Deus! Meu Deus! Por que me abandonaste?"

MATEUS 27:46

A depressão é complicada, para dizer o mínimo. O entorpecimento, a letargia, o desinteresse e a melancolia quase sempre não são bem compreendidos por alguém que não sofreu dessa doença complexa.

E quanto à fé? Onde ela está durante esses períodos depressivos em nossa vida? É uma pergunta que aqueles que nos amam muito, mas ainda não sofreram de depressão, podem fazer. Eles simplesmente não conseguem entender por que não conseguimos nos livrar dela ou sair dessa situação.

Fé e depressão podem existir no mesmo espaço. O fato de você estar atravessando um período terrível não significa que não tem fé. Até Jesus sofreu muito e questionou Deus, a depressão também pode levá-la a esse ponto.

Mas Jesus, o Mestre por excelência, continua a nos esclarecer por meio de Seu exemplo. As palavras proferidas por Ele na cruz nos ensinam a clamar a Deus em voz alta, principalmente nos momentos de dor. Ao aproximar-se do fim de Sua maior missão na Terra, Ele clamou ao Pai. Jesus encarou a morte nos olhos quando foi pendurado na cruz. Entendeu que aquilo que estava prestes a acontecer fazia parte do Seu propósito, da Sua missão, portanto, gritou em alta voz: "Pai, por que me abandonaste?".

Você é capaz de ouvir a agonia nessas palavras? Jesus se sente abandonado por Seu Pai, mas nunca ouvi ninguém questionar a fé dele. O próprio fato de Jesus bradar em alta voz significa que Ele reconhece que o Senhor tem controle sobre tudo. Gritar em alta voz pode servir como meio para liberar nossa agonia e reconhecer que Deus continua sendo Deus, mesmo em meio ao nosso sofrimento.

Clamar durante as crises de depressão pode não aliviar a dor imediatamente, mas é um exemplo de Jesus que podemos seguir e que pode nos aproximar mais do nosso Deus, o que passa a ser uma vitória. Gritar em alta voz como Jesus fez pode ser um lembrete a você de que tudo vai ficar bem.

Minha confissão

Posso gritar bem alto. Posso gritar com Deus e até questioná-lo quando a dor intrusa passa a morar em meu corpo e mente. Não tenho respostas, mas tenho a capacidade de clamar e lamentar com a certeza de que Ele me ouve, me vê e se importa comigo.

Se Jesus gritou em alta voz, você pode fazer o mesmo.
Entregue a Deus o que se passa em seu coração.

Progresso, não perfeição

Separe alguns momentos e clame a Deus. Conte o que se passa em seu coração e mente, como você se sente e o que lhe causa preocupação. Entregue os pensamentos a seu Pai, que se importa com você (1 PEDRO 5:7).

Deus meu, Deus meu, às vezes me sinto abandonada. Por que estou sofrendo uma dor tão grande que não consigo explicar aos outros? Ajuda-me. Fica comigo. Ouve minha oração. Amém.

2 Salmo 42:1-5

ALMA ABATIDA

Minhas lágrimas têm sido o meu alimento de dia e de noite, pois me perguntam o tempo todo: "Onde está o seu Deus?"

SALMO 42:3

Se você imagina estar deprimida, mas tem dificuldade de entender como uma pessoa de fé pode se sentir assim, talvez seja útil lembrar-se das pessoas de fé mencionadas na Bíblia que também lidaram com esse mal. Ele pode ter recebido outro nome, não sendo diagnosticado como tal, mas um exame cuidadoso das Escrituras mostra figuras como Davi, Elias e até Jesus lidando com o que atualmente chamamos de depressão. E podemos aprender com esses e outros gigantes bíblicos a conviver com a tristeza profunda.

Na passagem de hoje, o autor deste salmo, evidentemente um líder de adoração, está clamando e perguntando por que sua alma está tão triste e suas lágrimas tão constantes, como se fossem alimento, de dia e de noite. É visível que o salmista está perturbado em seu interior. Ele se lembra de como costumava ir à casa de Deus com júbilo e entusiasmo, conduzindo uma multidão com instrumentos de louvor, de sua alegria quando adorava a Deus e de ter oportunidades de entrar em Sua casa e em Sua presença.

No entanto, algo mudou. O autor não se sente mais como antes, já não anseia entrar na casa de Deus com alegria e louvor.

Contudo, em meio ao seu lamento, que pode ajudar a alma, o salmista apresenta a prescrição de que necessita. Diz a si mesmo para pôr sua esperança em Deus, louvá-lo e lembrar-se de tudo o que Ele fez no passado.

É uma boa fórmula para ser usada quando estamos tristes e deprimidas e talvez sem sentir a ligação com o Pai ou com outras pessoas de que outrora desfrutávamos. Podemos lamentar, clamar e compartilhar nossas emoções: lamento, luto, queixa, desabafo; mas também podemos lembrar a nós mesmas de pôr nossa esperança em Deus, como faz o salmista. Por quê? Pois podemos elaborar uma lista de todas as maneiras como Ele nos ajudou no passado e, com esperança, em breve faremos como o salmista e também voltaremos a louvar ao Senhor.

Minha confissão
Sei que Deus está presente mesmo quando não sinto Sua presença.

Você pode clamar a Deus quando sua alma estiver triste.

Progresso, não perfeição
Elabore uma lista de tudo o que Deus fez por você no passado. Como isso pode trazer esperança à sua alma abatida?

Deus da esperança, preciso de ti para dar ânimo à minha alma abatida. Ajuda-me a recordar as maneiras pelas quais Tu me ajudaste no passado, enquanto me apoio em ti a fim de receber força para vencer hoje. Amém.

3 1 Reis 19:1-9

QUANDO SENTIMOS ANGÚSTIA (PARTE 1)

[Elias] entrou no deserto, caminhando um dia. Chegou a um pé de giesta, sentou-se debaixo dele e orou, pedindo a morte: "Já tive o bastante, SENHOR. Tira a minha vida: não sou melhor do que os meus antepassados". Depois se deitou debaixo da árvore e dormiu. De repente um anjo tocou nele e disse: "Levante-se e coma". Elias olhou ao redor e ali, junto à sua cabeça, havia um pão assado sobre brasas quentes e um jarro de água. Ele comeu, bebeu e deitou-se de novo.

1 REIS 19:4-6

O profeta Elias é outro personagem bíblico que muitas pessoas admiram e consideram um homem de grande poder e fé. No entanto, vejo mais quando leio a história dele. Vejo alguém claramente corajoso, que enfrentou o rei Acabe e sua mulher Jezabel, mas também enxergo um ser humano lutando com problemas de fadiga que conduzem à depressão.

Elias nos mostra algumas maneiras importantes sobre como lidar e o que não fazer com relação à tristeza profunda.

Na primeira parte de 1 Reis 19, ele estava assustado apesar de ter derrotado muitos de seus inimigos. Com a ajuda de Deus, ele havia realizado um milagre. Elias acabara de desafiar o povo que adorava um falso deus e havia pedido que esse ídolo lhes enviasse fogo; ao ver que a divindade não pôde atender ao pedido deles, o profeta demonstrou o poder do único Deus verdadeiro e capaz de enviar tal sinal (VEJA 1 REIS 18:16-39). Porém, quando avançamos para o texto de hoje, Elias pede que Deus lhe tire a vida. Ele está pronto para morrer, chegou ao seu limite, se sente um fracassado.

Nesta passagem bíblica, temos algumas orientações para ajudar nos sintomas devastadores da tristeza profunda, fadiga extrema e depressão.

1. Durma, descanse, tire um cochilo, adormeça, vá para a cama mais cedo. Se conseguir descansar mais, faça isso. Se estivesse com gripe ou outra doença, você certamente descansaria. Portanto, não pense que existe qualquer diferença a respeito das doenças emocionais, você precisa descansar, às vezes mais do que de costume.
2. Alimente-se, coma alimentos que possam ajudá-la. Foi comprovado que os alimentos industrializados e *fast foods* (frituras) podem acentuar os problemas da depressão. Faça um esforço para deixar essas comidas de lado durante esse tempo. Use a alimentação como outra forma de tratamento e medicamento. Encontre alimentos que ajudem a melhorar o humor, como frutas frescas, vegetais e carnes magras, caso você coma carne. Peça a alguém confiável que lhe prepare algumas refeições. Muitas pessoas que poderiam ajudar não sabem como. Apresente a elas algumas sugestões.
3. Ore. Mesmo quando parece que Deus não está ouvindo, saiba que Ele a ouve. Foi isso que Elias fez quando clamou ao Senhor pedindo o fim de sua vida: ele orou. E

Deus respondeu enviando ajuda por meio da mensagem de um anjo.

O que você vai fazer hoje para pôr em prática uma ou mais orientações de Elias para a depressão?

Minha confissão
Hoje posso descansar, comer bem e orar, seja como for que me sinta.

Lembre-se: *se você está nutrindo pensamentos suicidas ou pensando em causar mal a si mesma, ligue para o CVV, disque 188.*

Progresso, não perfeição
Siga as orientações de Elias hoje. Como você vai descansar mais, comer melhor e se lembrar de orar?

Meu Deus, meu Deus, preciso de ti hoje. Dá-me o que necessito para atravessar este dia e esta fase de angústia. Ajuda-me a descansar, escolher bons alimentos e orar continuamente. Envia-me a ajuda de que necessito. Amém.

1 Reis 19:9-18

QUANDO SENTIMOS ANGÚSTIA (PARTE 2)

No entanto, fiz sobrar sete mil em Israel, todos aqueles cujos joelhos não se inclinaram diante de Baal e todos aqueles cujas bocas não o beijaram.

1 REIS 19:18

A depressão pode nos levar a exagerar tudo. O ato de nos vestir parece uma tarefa monumental. Só de pensar em dar uma saída, achamos que é a atividade mais cansativa do mundo. *Não tenho nada para usar, não conheço ninguém, apesar de ter sido convidada por alguém, não vou falar com ninguém, não gosto de nada e de ninguém de lá.* O menor dos problemas se torna imenso, catastrófico, tudo antes de sair de nossa mente. É o exagero.

Observe Elias de novo hoje. Esse homem de Deus estava sofrendo de grave esgotamento mental e exaustão por causa de seu zelo no trabalho. Ele achava que ninguém, ninguém mesmo, estava do seu lado, o lado do Senhor (1 REIS 19:14). No entanto, Deus lhe disse que havia preservado 7.000 em Israel que não se entregaram ao ídolo Baal. Havia pelo menos 7.000 pessoas no lado certo da questão, mas Elias sentiu que era o único que permanecera fiel.

Eu entendo. Quando você não se sente bem, pensa que tudo está desmoronando ao seu redor. Sente-se sozinha, desesperada, exausta e esgotada. Cansa-se do trabalho. Cansa-se da luta. Você, assim como Elias, pode simplesmente querer desistir.

> **Lembre-se:** *se você está nutrindo pensamentos suicidas ou pensando em causar mal a si mesma, ligue para o CVV, disque 188.*

Digo a mim mesma para *não* tomar decisões quando me sinto como Elias se sentiu. Sei que não estou pensando corretamente e tudo parece exagerado, portanto, espero e não tomo decisões importantes enquanto não melhorar. Desse modo, a situação não vai parecer grande demais ou sufocante e não vou sentir que estou encurralada quando, na verdade, não estou.

Descanse um pouco. Espere ouvir o que Deus tem a lhe dizer; talvez Ele lhe diga que a situação não é tão horrenda quanto parece. Pode haver mais pessoas do seu lado do que você imagina, pode haver alguns recursos bem visíveis que lhe serão revelados, apenas siga em frente. Continue olhando para Deus e ouvindo-o.

Minha confissão
Não vou tomar decisões importantes quando não me sentir bem.

Quando você está deprimida, tudo parece grande demais, difícil demais para fazer. Descanse e espere.

Progresso, não perfeição
Escreva o que a faz se sentir sobrecarregada hoje. Isso pode esperar? E se precisa ser finalizado agora, de que modo você pode dividir essa missão em tarefas menores e viáveis?

Deus fiel, admito que, às vezes, penso que tudo é grande e difícil demais para eu fazer. Sinto-me como Elias e só quero desistir de tudo. Dá-me força, sabedoria e lucidez para saber o que necessita ser feito agora e o que pode esperar enquanto aguardo a cura que vem de ti. Amém.

5 Filipenses 4:4-8

AJUDA PARA A ANSIEDADE

Não andem ansiosos por coisa alguma, mas em tudo, pela oração e súplicas, e com ação de graças, apresentem seus pedidos a Deus. E a paz de Deus, que excede todo o entendimento, guardará o coração e a mente de vocês em Cristo Jesus.

FILIPENSES 4:6-7

A ansiedade, sentimento de apreensão avassaladora ou pânico, pode surgir de muitas formas diferentes e produzir efeitos variados, deixando-nos paralisadas e temerosas em relação a situações que podem ou não ocorrer. A ansiedade é parecida com energia nervosa, espírito inquieto, impaciência e preocupação exagerada.

Contorcer as mãos ou apenas sentir o coração agitado pode ser sinal dessa condição. Não tenho certeza se Paulo chegou a lidar com a ansiedade, mas ele nos oferece uma solução para lidar com esse problema que sentimos no decorrer da vida.

Ele diz especificamente que não devemos andar ansiosos por coisa alguma, seja nosso futuro, nossos interesses ou nossos hábitos. Nada. Quando a ansiedade chega, podemos seguir a sugestão de Paulo: orar. E ele diz que devemos fazer isso com ação de graças, lembrando de tudo o que temos para agradecer. A orientação de Paulo força nossa mente a se desligar dos problemas e os transforma em bênçãos. Trata-se de uma mudança de pensamento, uma decisão intencional de focar naquilo que Deus tem feito por nós.

Tente fazer isso e veja a ansiedade ir embora enquanto agradece a Deus. Veja sua lista de agradecimentos aumentar à medida que você menciona outra coisa pela qual é grata. E assim como todo bom medicamento, você pode esperar alívio na forma de paz. Mas essa não é uma paz comum, mas a paz de Deus que excede nosso entendimento.

Não, talvez sua situação não mude imediatamente, mas você pode mudar e permitir que a paz e a gratidão acalmem seus nervos e redirecionem seu foco.

Minha confissão
Não vou ficar ansiosa por coisa alguma.

A gratidão constante por meio da oração cura a ansiedade.

Progresso, não perfeição
Comece uma lista de gratidão. Escreva tudo o que lhe vier à mente para agradecer neste dia. Transforme tudo em uma oração e repita-a sempre que necessário.

Amado Senhor, não quero sentir ansiedade por nada. Entrego minhas preocupações a ti e mudo meu foco para te agradecer por tantas bênçãos. Quero te agradecer por... (mencione as coisas pelas quais você é grata). Amém.

6 — Salmo 147:1-7

O PODER DA MÚSICA

Cantem ao S<small>ENHOR</small> *com ações de graças;*
ao som da harpa façam música para o nosso Deus.
SALMO 147:7

Um cântico pode mudar o clima, seu humor e sua mente também, mesmo que momentaneamente.

Que cânticos lhe dão ânimo? Que letras de músicas a transportam de volta a um momento ou lembrança feliz? Que palavras lhe trazem à memória a fidelidade, a salvação e os atributos de Deus? Há cânticos que podem ajudá-la em um dia difícil.

Aumente o volume da música mesmo quando não sentir vontade. Deixe tocar alto, clique em "repetir", mexa a boca como se pronunciasse as palavras e deixe que elas penetrem seu coração e mudem seu humor e pensamentos.

A sensação de alívio que sua música favorita traz pode não durar muito, nem curar o que angustia você, mas não é errado tocá-la repetidas vezes, usando a letra para lembrá-la daquilo que você sabe muito bem, mesmo quando não sente o que ela diz.

E durante esses momentos, movimente-se um pouco no ritmo da música, se possível. O movimento não prejudica ninguém.

Faça isso e cante ao Senhor com louvor, recitando tudo aquilo pelo qual é grata, agradecendo a Deus pela cura e restauração, agradecendo até pelo momento que você atravessa, por mais difícil que ele pareça. Componha uma música para Deus por meio de seu cântico favorito e clique em "repetir".

Minha confissão
Hoje vou permitir que um cântico acalme minha alma enquanto componho uma música para Deus.

A música pode mudar o clima e seu humor.

Progresso, não perfeição
Faça uma lista dos cânticos que lhe dão ânimo e a mantenha em fácil acesso para tocar. Mary, Tamela Mann e Kirk Franklin são alguns de meus cantores e cantoras favoritos. Quais são os seus?

Amado Senhor, obrigada pela dádiva da música e por eu ter cada vez mais acesso a ela. Dá-me força para clicar em "tocar" e "repetir" durante o dia enquanto componho músicas para ti, buscando melhorar meu humor e pensando em Tua fidelidade. Amém.

7 — 2 Coríntios 1:3-7

UMA FORMA DE ABENÇOAR OS OUTROS

[Deus] nos consola em todas as nossas tribulações, para que, com a consolação que recebemos de Deus, possamos consolar os que estão passando por tribulações.

2 CORÍNTIOS 1:4

Enquanto estamos falando da música e de seu poder de curar e animar nosso espírito nos momentos de tristeza profunda, não podemos nos esquecer do gênero musical muito apropriado ao nosso tema, chamado *blues** e criado pelos negros para expressar sua melancolia enquanto trabalhavam nas plantações. Das tristezas e sofrimentos da vida — tentando fazer música em uma terra de segregação, turbulência econômica, relacionamentos pessoais tumultuados e ainda mais fragmentados pelo estresse e trauma assustadores do passado e presente — surge a música, uma expressão do sofrimento e tristeza que faz o povo mexer e balançar a cabeça.

Ela tem a capacidade de conectar-se com nossas emoções e nos transportar para outro lugar, ou de nos dar energia para continuar em frente até o dia seguinte. Foi assim que muitos

---

* N.T.: palavra inglesa que traz, entre outros significados, a ideia de tristeza profunda, melancolia.

sobreviveram a condições terríveis, aguardando o momento em que poderiam fugir e ouvir a história contada nas músicas; foi assim que as *big mama** e alguns que não tinham medo de misturar um pouco do secular com o sagrado conseguiam sobreviver limpando casas, apanhando algodão e fazendo muitas outras tarefas indesejáveis. Essa música os ajudava a aguentar firme. Ela sustentou um povo de semana a semana e proporcionou o ganha-pão de muitos com uma guitarra havaiana, um microfone ou uma gaita.

Enquanto você atravessa dias sombrios, pense nas contribuições daqueles que se expressaram por meio de tribulações. Reflita no modo como utilizaram o sofrimento para produzir algo belo. Embora eu não saiba exatamente o que eles sentiam naquela época, sei o que nos deixaram, mesmo em meio ao sofrimento.

Às vezes, encontrar uma solução criativa para a tristeza profunda não diz respeito somente a você; mas ao legado que você vai deixar. Se não quer se esforçar para beneficiar a si mesma, se esforce para beneficiar os que virão após você. Que contribuições você está fazendo e deixando para os outros? Como deixar a vida melhor depois que você passar por este mundo? Qual é o seu legado? Mesmo que não pense nas respostas a essas perguntas, leve em consideração o legado dos homens e mulheres que expuseram seus problemas, criaram ritmos e compartilharam com o mundo suas emoções reprimidas no coração. Eles deixaram um gênero musical cujos acordes e batidas se transformaram em música *gospel* e muito mais. O sofrimento deles produziu mais que agonia e mágoa;

---

* N.E.: expressão popular utilizada para referir-se à mulheres chefes de famílias ou fundadoras de companhias, "chefonas".

suas emoções incentivaram uma criatividade que eles não podiam sequer imaginar.

Além da música, recebemos literatura, artes visuais e muito mais produzidas por pessoas que sofrem de melancolia. Talvez exista uma válvula de escape para você expressar o que sente, e ela pode abençoar muita gente; você pode ser uma bênção para outras pessoas.

Ouse pensar no futuro; ouse ver suas contribuições, bem além do que você sente neste momento.

Minha confissão
Vou procurar uma forma agradável de me expressar quando estou abatida.

Suas emoções podem incentivar uma criatividade que você nunca imaginou.

Progresso, não perfeição
Explore o lado criativo de seu cérebro e tente expressar seu sofrimento por meio da escrita, da música, da arte, da fotografia e assim por diante.

Senhor Criador, mostra-me como me expressar, mesmo enquanto atravesso dias sombrios. Obrigada por aqueles que partiram antes de mim e criaram obras maravilhosas de arte, até em meio à tristeza profunda. Amém.

Salmo 23 — 8

PEGUE A MINHA MÃO, PRECIOSO SENHOR

*Mesmo quando eu andar por um vale de trevas
e morte, não temerei perigo algum, pois tu estás comigo;
a tua vara e o teu cajado me protegem.*

SALMO 23:4

Uma de minhas histórias favoritas sobre como a expressão criativa produzida pelo sofrimento tem abençoado e consolado muitas pessoas é a história do emocionante hino "Pegue a minha mão, precioso Senhor", composto por Thomas Dorsey*. Conta-se que Dorsey, conhecido como pai da música gospel, recebeu um telegrama logo após ter sentado e cantado vários cânticos em uma igreja fervorosa em St. Louis. Ele morava em Chicago e viajou contrariado porque sua esposa estava no último mês de gravidez; no entanto, lembrou-se de que muitas pessoas o aguardavam naquele lugar. Depois que cumpriu sua promessa de cantar na igreja, um jovem mensageiro entregou-lhe um telegrama que dizia: "Sua esposa acaba de falecer".

Profundamente triste e com muitas perguntas, Dorsey retornou a Chicago, onde ficou sabendo que a esposa havia

---

* N.T.: músico, compositor e evangelista cristão, 1899–1983.

falecido enquanto dava à luz o filho deles. De acordo com o Ministério de Discipulado da Igreja Metodista Unida, o cantor disse que sentiu um misto de "sofrimento e alegria". A esposa tinha morrido; ele tinha um filho recém-nascido. No entanto, o bebê não resistiu e morreu. Dorsey enterrou a esposa, Nettie, e o filho recém-nascido no mesmo caixão.

Ele se afundou no luto, e disse: "Senti que Deus não havia sido justo comigo, eu já não queria mais servi-lo nem compor músicas gospel. Queria apenas voltar ao mundo do *jazz*, que conhecia tão bem".

Contudo, um bom amigo conhecia as necessidades de Dorsey e o levou a uma escola de música na vizinhança. Foi lá, no cômodo silencioso, que Dorsey se sentou ao piano e derramou o coração diante de Deus. O resultado foram as palavras comoventes do belo hino que tem sido cantado pelo menos em 40 idiomas diferentes.

Esse hino amado veio a ser uma bênção a muitas pessoas e chegou a ser uma espécie de antífona cantada em muitas reuniões do Movimento dos Direitos Civis.

Minha confissão
Vou clamar ao Senhor durante meu sofrimento e dor.

Em profundo sofrimento, Dorsey derramou seu coração e compôs "Pegue a minha mão, precioso Senhor".

Progresso, não perfeição
Ouça o hino Pegue a minha mão, precioso Senhor, composto por Thomas Dorsey.

Precioso Senhor, por favor, pegue a minha mão e guia-me em meus dias sombrios. Confio que estás ao meu lado e podes me ajudar a atravessar tudo o que encontrar pela frente. Amém.

9 — Naum 1:1-8

UM REFÚGIO

*O Senhor é bom, um refúgio em tempos de angústia.
Ele protege os que nele confiam.*

NAUM 1:7

Com que um refúgio se parece? Vejo um abrigo em meio a uma chuva ou tempestade, ou talvez um esconderijo ou um forte no campo de batalha.

Não tenho certeza se ainda usamos *refúgio* na linguagem cotidiana, mas ajuda dizer a palavra e ver Deus como um refúgio, um lugar seguro, uma trégua no meio da turbulência e tempestade. No texto bíblico de hoje, encontramos uma passagem no meio de turbulência e castigo. Trata-se de uma mensagem ao inimigo perigoso de Israel, Nínive, mas é também um lembrete de uma das características reconfortantes de Deus e quem Ele é: um refúgio em tempos de angústia.

Seja como for que você esteja se sentindo hoje, peça a Deus para ser seu refúgio. Peça a Ele que proporcione um pouco de conforto como seu refúgio, um abrigo, uma proteção enquanto você navega em seu mar de emoções.

Todas as vezes que a tristeza, o sofrimento ou o desalento se aproximar, sussurre uma oração ao seu Refúgio.

Use a palavra *refúgio* para descrever Deus enquanto ora e clama a Ele.

Se possui um diário, escreva o que essa palavra significa para você. Talvez encontre uma música que descreva Deus como refúgio. Desenhe ou encontre uma imagem que a faça lembrar de Deus dessa maneira e descanse nesse atributo da personalidade dele.

Busque refúgio em Deus; permita que Deus seja sua proteção e abrigo no meio da tempestade que você enfrenta hoje.

Minha confissão
Hoje vou buscar a ajuda do Senhor, o meu Refúgio.

Deus é socorro sempre presente, um refúgio nas horas de necessidade. Continue a buscar seu Refúgio até sentir paz — e depois também.

Progresso, não perfeição
Escreva o que significa ter Deus como seu refúgio. Use uma grande quantidade de palavras descritivas e pense nelas durante o dia.

Deus, meu refúgio, obrigada porque me amas tanto a ponto de desejares me proteger e guardar em tempos de angústia. Ajuda-me a te ver hoje como meu refúgio. Ajuda-me a correr e me esconder na verdade da Tua presença. Amém.

10 Tiago 1:2-4

LIÇÕES APRENDIDAS COM A DEPRESSÃO

*[...] considerem motivo de grande alegria
o fato de passarem por diversas provações.*

TIAGO 1:2

Penso que é seguro dizer nestas páginas: odeio a depressão! Eu absolutamente odeio como a depressão me faz se sentir entorpecida, desmotivada e cansada. Participei de reuniões discutindo assuntos que amo, como mulheres negras e a Bíblia, e o que eu fiz? Empanturrei-me de chocolate. Era meu mecanismo para enfrentar a situação, mas sabia que havia algo terrivelmente errado, porque eu estava ali; mas não me sentia verdadeiramente *presente*. Não me entusiasmava com nada próximo ou querido a mim. O projeto perfeito para eu trabalhar era simplesmente "ter algo para fazer".

É provável que minhas crises de depressão mais longas tenham ocorrido vários anos atrás. Sempre fico ansiosa quando acho que alguns sintomas estão voltando, quando quero dormir mais que o normal ou me empanturrar de chocolate porque não sinto vontade de fazer mais nada.

Um dia, porém, um pensamento me ocorreu: *E se a depressão pudesse ser considerada como um indicador para eu me aproximar de Deus? E se aqueles tempos em que passei deprimida me fizessem ficar mais forte?* Sei, com certeza, que eles me ensinaram a ter compaixão especial pelas pessoas que não estão se sentindo na melhor fase. Nas crises depressivas, minha personalidade voltada para atingir metas percebeu que, às vezes, simplesmente não podemos fazer isso. Às vezes, sair da cama é uma vitória. Não sei se teria chegado a essa conclusão sem ter passado por esse problema.

Por causa da depressão, me identifico sinceramente com as pessoas de modo diferente. Posso dizer, com alegria, que experimentei e ainda experimento o sofrimento da depressão porque estou progredindo, amadurecendo e me tornando de modo mais completo a pessoa que Deus projetou que eu fosse. Preste atenção, depressão: Eu não estou derrotada, estou mais forte!

Minha confissão
Minhas provações podem estar me aproximando da maturidade em Cristo.

Embora não nos faça sentir bem, a depressão pode produzir algo bom. Depressão, ansiedade ou tristeza profunda pode ser um período de crescimento e maturidade.

Progresso, não perfeição
Pense no futuro. O que você pode enxergar de modo diferente por ter passado por um período de tristeza profunda? O que vai dizer aos outros que estão passando por períodos difíceis?

Maravilhoso Senhor, obrigada por me lembrares que podes estar produzindo algo poderoso dentro de mim mesmo quando atravesso este período de tristeza profunda. Supre minhas necessidades e ajuda-me a lembrar-me do que estou aprendendo, a fim de alcançar outras pessoas. Amém.

11 Romanos 8:18-30

OUTRAS LIÇÕES APRENDIDAS COM A DEPRESSÃO

Sabemos que Deus age em todas as coisas para o bem daqueles que o amam, dos que foram chamados de acordo com o seu propósito. Pois aqueles que de antemão conheceu, também os predestinou para serem conformes à imagem de seu Filho, a fim de que ele seja o primogênito entre muitos irmãos. E aos que predestinou, também chamou; aos que chamou, também justificou; aos que justificou, também glorificou.

ROMANOS 8:28-30

Depois de uma conversa relativamente profunda com uma amiga, ela fez uma pausa e disse: "Katara, você progrediu muito". Não há nada melhor do que ouvir de alguém de seu círculo de amigos íntimos que você está progredindo. Ela ouvira meus clamores, testemunhou de perto um período depressivo em minha vida e agora estava pensando no que viu como progresso. Agradeci por sua observação e comentei rapidamente, mais para mim do que para ela: "É o resultado de três anos de terapia, muito trabalho e oração".

Em meio àqueles três difíceis anos, e talvez mais porque geralmente demoramos para tomar as atitudes necessárias na busca pela cura, orei e conversei sobre alguns problemas que me incomodavam. Por que reagi daquela maneira? Por que permiti a entrada de algumas pessoas em minha vida mesmo sabendo que não me fariam nenhum bem? Por que não desabafei antes? Como via a mim mesma? O que me fez ver a mim mesma daquela maneira? Sim, essas são perguntas profundas e, se posso fazer uma sugestão, indico que você mergulhe fundo na busca por respostas. Cerque-se de pessoas que a amam incondicionalmente e torcem para que você seja uma pessoa completa e saudável; isso certamente não se aplica a todos de seu círculo de amizade.

O que aprendi com aquele período sombrio de minha vida e com o fruto resultante daqueles dias difíceis, e respondendo a perguntas difíceis, foi que estava sendo transformada em uma nova criação. Deus estava pegando as peças e trabalhando nelas para o meu bem, como Paulo descreve em Romanos 8. Aqueles tempos não foram nada bons. Eu nem sempre gostava das respostas que eu dava. E estou trabalhando continuamente em mim para saber como deixar de repetir algumas atitudes que me fizeram reprimir sentimentos e, por fim, entrar em depressão. Mas, quando faço uma retrospectiva, vejo que aquele período me transformou na nova pessoa que sou hoje.

Em minhas novas fases da vida, me apoio no que aprendi naqueles tempos. Sei reconhecer sinais de advertência e sei, na maioria das vezes, buscar a ajuda de que necessito antes que a escuridão chegue. Também lembro a mim mesma de que já passei pela escuridão antes e, portanto, se entrar nela de novo, posso confiar e acreditar que Deus tem uma saída para mim. Não tenho pavor da escuridão como tinha antes. Sei, em primeira mão, que a luz está chegando.

Sou grata a Deus porque Ele sabe quem eu sou e quem Ele me chamou para ser, e estou certa de que me predestinou para lembrar você de que a depressão não dura para sempre. Na verdade, ela pode até trazer algumas lições preciosas que nos moldam e nos transformam nas pessoas que deveríamos ser.

Minha confissão
Mesmo durante meus dias sombrios, Deus está trabalhando para me moldar na pessoa que Ele quer que eu seja.

Todas as coisas trabalham juntas para o bem de todos nós que amamos a Deus.

Progresso, não perfeição
Quais são as perguntas difíceis que você quer responder durante seus dias sombrios?

Deus de todos nós, declaro que todas as coisas trabalham juntas para o bem, porque te amo. Sei que cada passo não é fácil e não vai ser bom, mas creio que tens capacidade para fazer coisas boas das partes difíceis de minha vida. Aguardo ver a Tua luz. Amém.

Mateus 5:3-10 | 12

EM TEMPOS DE LUTO

Bem-aventurados os que choram, pois serão consolados.
MATEUS 5:4

Alguns dos dias mais sombrios que atravessei ocorreram depois que tive de dizer adeus à minha mãe em razão de sua morte aos 63 anos de idade. Ninguém quer perder uma pessoa amada, seja qual for sua idade, mas a morte dela me pareceu prematura demais. Eu conhecia muitas pessoas vibrantes, aparentemente saudáveis, mais velhas e que estavam bem.

Por ser cristã, e porque minha mãe foi meu primeiro e melhor exemplo de fé, eu não esperava que sua morte me atingisse tanto assim. Afinal, ela não havia passado a vida inteira se preparando para esse dia? Ela tinha proclamado publicamente sua confiança e crença em Jesus desde jovem e vivido de acordo com o que cria. Eu estava certa de que ela teria vida eterna, então, por que me sentia tão despedaçada? Por que encontrei dificuldade em realizar algumas coisas simples na vida após sua morte?

Um dos meus momentos de reviravolta aconteceu quando eu me estava em uma sessão de terapia. Felizmente, eu já estava há um ano em tratamento com um terapeuta para lidar com a depressão causada por outros eventos da vida quando minha mãe morreu. Enquanto falava com ele, mencionei vários motivos pelos quais não conseguira chorar muito a morte dela. Normalmente, não sou uma pessoa fria, eu era conhecida como chorona na infância, mas não havia conseguido derramar muitas lágrimas por ocasião da morte de minha mãe. Quando os porquês vieram à tona, contei ao terapeuta que sempre sentia dor de cabeça depois de chorar muito e que tinha muitos afazeres para me dar ao luxo de parar por causa disso.

Continuei a listar todas as coisas "importantes" que tinha para fazer e ainda me lembro da expressão do terapeuta, olhando para mim sem esboçar nenhuma expressão, esperando que eu me recompusesse e pensasse nas palavras que tinha acabado de dizer. Eu estava ocupada demais para chorar. Estava atarefada demais para chorar a morte de minha mãe, da mulher que sempre me mostrou amor incondicional, que esteve ao meu lado por quase 35 anos, minha maior apoiadora e incentivadora, conselheira, guerreira de oração e mestra. E como não tive tempo para chorar uma perda tão importante? Ora, mulher, faça-me o favor!

Se pudesse voltar e conversar com aquela jovem em meio a um luto que mudou sua vida, e que havia acabado de planejar e participar de uma bela comemoração da vida de um relacionamento tão importante e fundamental, eu perguntaria: Mocinha, o que você precisa fazer que é tão importante assim? Aparentemente, eu estava muito preocupada com minha lista de tarefas e havia perdido de vista a realidade de que eu só seria útil quando conseguisse controlar minhas emoções.

Eu podia continuar a correr e fingir que não tinha tempo por causa do trabalho, dos amigos, da comunidade e do serviço na igreja — sim, você sabe que podemos usar até as coisas "boas" para mascarar o que precisa ser feito —, mas o sofrimento pela perda continuaria presente, aguardando que eu o admitisse, aguardando que eu chorasse para poder iniciar o processo de cura, aguardando receber a consolação que Deus nos oferece. Atrevo-me a dizer: quer você chore agora ou mais tarde, minha irmã, o choro virá, de uma forma ou outra.

Minha confissão
Vou dedicar um tempo para chorar a perda que sofri.

Há consolação para aqueles que choram.

Progresso, não perfeição
Por qual perda você não chorou? Como pode desabafar suas emoções e receber consolação hoje?

Deus de toda consolação, sei que prometeste consolar-me quando choro a perda de uma pessoa querida. Ajuda-me a desabafar os sentimentos por essa perda e permitir que envies o que é necessário para minha cura. Obrigada por permaneceres ao meu lado durante meus dias de luto. Amém.

13 Provérbios 4:10-14

AS FESTAS DE FIM DE ANO E A TRISTEZA PROFUNDA

Apegue-se à instrução, não a abandone;
guarde-a bem, pois dela depende a sua vida.

PROVÉRBIOS 4:13

Outra coisa que aprendi sobre como lidar com o luto é que ele pode infiltrar-se a qualquer momento e deixá-la arrasada. Penso que isso ocorre principalmente durante as festas de fim de ano, em ocasiões especiais e até em outros momentos repletos de alegria. No nascimento da minha filha, chorei de emoção e por toda a esperança e promessa que um recém-nascido traz ao mundo, mas também senti um buraco, um vazio, uma tristeza por saber que minha mãe não estava fisicamente presente comigo naquele momento.

Pouco tempo atrás, quando fechei negócio para comprar um apartamento, recebi as chaves antecipadamente, algumas horas antes do encerramento oficial, porque já morava no edifício e tudo havia transcorrido com muita tranquilidade. Assim que entrei na minha nova casa para fazer uma rápida vistoria antes de ir ao cartório assinar os documentos, vi como era grande o espaço que tive a bênção de comprar. Imediatamente me lembrei da alegria da minha mãe ao decorar a casa da minha irmã e desabei no chão em grande pesar.

Eu estava sozinha em minha nova moradia e tomada por uma tristeza repentina e assustadora.

Quem espera chorar quando compra um apartamento? Eu demorei quase uma hora para me recompor e me vestir para ir ao cartório. Imagine o pavor do meu advogado enquanto ele e outras pessoas ligavam insistentemente para meu celular! Eu não tinha nenhuma intenção de levar uma hora para me recompor; eu não tinha nenhuma intenção de chorar quando entrei no apartamento; apenas queria examinar aqueles reparos de última hora, agradecer a Deus e ir ao cartório. Mas o sentimento de pesar pela morte de alguém te atingir de forma inesperada.

Saiba que esse sentimento furtivo também pode chegar durante as festas de fim de ano. Todas as festas que eu comemorava com minha mãe são diferentes hoje. Temos uma cadeira vazia à mesa, mesmo quando aumentamos o espaço para novos membros da família e pessoas queridas. Neste caso, digo a mim mesma que é bom ter novas tradições. É bom fazer uma viagem durante as festas de fim de ano e ver meus parentes em outros momentos, ou proporcionar um momento a mim mesma para dar um passeio ao ar livre, clarear as ideias e liberar as emoções. É diferente e não preciso fingir que as coisas são as mesmas, o que só acrescenta estresse à minha vida.

Reconheço também que muitas outras pessoas lidam com o estresse e a tristeza profunda durante as festas de fim de ano em razão de estruturas familiares complicadas. Talvez você não tenha lembranças muito agradáveis de encontros com pessoas na companhia das quais foi forçada a comer. Dê permissão a si mesma para encontrar a família que lhe traga alegria, talvez seus amigos ou aqueles que escolheu para estarem mais próximos a você.

Quando seu bem-estar passa a ser mais importante que as tradições, você se sente mais capacitada a festejar de um jeito novo e mais saudável e terá mais força para lidar com a tristeza profunda que pode surgir nas épocas comemorativas.

Minha confissão
Vou me esforçar para passar pelas festas de fim de ano e ocasiões especiais.

O luto pode se infiltrar e deixá-la arrasada.

Progresso, não perfeição
Durante as próximas festas de fim de ano, permita que a sabedoria guie seus planos, não a tradição.

Meu Deus, dá-me a coragem de que necessito para fazer mudanças em favor de meu bem-estar em torno das tradições que mantenho por tanto tempo. Mostra-me a importância de cuidar de mim mesma. Amém.

Mateus 6:14-15 — 14

OUTRO TIPO DE LUTO

*Mas, se não perdoarem uns aos outros,
o Pai celestial não perdoará as ofensas de vocês.*
MATEUS 6:15

Quando faço uma retrospectiva da minha vida e das crises de depressão, percebo que sempre há algo mais que contribuiu para minha tristeza profunda, um sentimento que quando negligenciado ou não tratado, pode se intensificar e produzir mais danos que imagino. No entanto, não estou dizendo que cada episódio de depressão tem correlação direta com uma emoção ou incidente. Às vezes é genético, relacionado a hormônios ou outra coisa que não sabemos explicar. Mas, às vezes, se formos sinceras, a perda pode causar depressão.

Já falei do luto de perder minha mãe, porém no meio daquele período de sofrimento, percebi também que havia perdido um sonho. Estava lamentando uma oportunidade que, segundo imaginei, desabrocharia como um dos sonhos de minha vida, mas, ao contrário, ele não se concretizou e me deixou com uma sensação de perda e pouca esperança. Meu próximo passo era desconhecido e foi muito difícil lidar com a situação.

A respeito do que Langston Hughes escreve no poema *Harlem*, que às vezes ele chama de "Um sonho adiado"? Hughes pergunta o que acontece com um sonho que não se torna realidade e apresenta uma lista com várias perguntas sobre as possibilidades dessa frustação. Eu acrescentaria às perguntas do escritor prolífico: Esse sonho que não se torna realidade causa ressentimento, dor e depressão, subprodutos de algo que um dia foi um belo desejo, mas que desapareceu e não se concretizou? Se esse tipo de luto for provocado pela perda de um relacionamento romântico ou até platônico, por uma oportunidade perdida como a minha ou pela perda de emprego, pode ser que você se afunde, principalmente se ele não for tratado.

Tenho muita dificuldade de renunciar àquilo que não devia acontecer, principalmente quando fantasio a ideia e crio um roteiro completo em minha mente. Mas o perdão, um processo que passei a chamar de cíclico, me ajudou. Necessito de ajuda para deixar de lado o que pensei que aconteceria. Sei que necessito de Deus para perdoar meus pecados, portanto, também necessito perdoar os que impediram a concretização das oportunidades, inclusive eu mesma pelo modo como agi.

O perdão não é um processo rápido, finalizado; mas requer tempo, intencionalidade, oração, e às vezes os pensamentos dolorosos voltam sorrateiramente depois que achamos que já perdoamos. Mas, de acordo com o que ouvi e meditei durante uma visita a Robben Island, onde Nelson Mandela foi mantido preso por muitos anos, o perdão não é destinado aos seus inimigos; é destinado a você. É inútil viver encarcerado mentalmente quando se está livre fisicamente!

Minha confissão
Vou renunciar ao que perdi.

O que acontece com um sonho que não se tornou realidade?

Progresso, não perfeição

Passe um tempo refletindo sobre o que você não liberou ou perdoou.

Deus perdoador, dá-me o que necessito para entregar minhas decepções e perdas a ti. Concede-me força e disposição para perdoar, a fim de que eu possa estar livre e acessível ao Teu perdão. Amém.

15 Mateus 6:25-34

O QUE FAZER COM A PREOCUPAÇÃO

*Quem de vocês, por mais que se preocupe,
pode acrescentar uma hora que seja à sua vida?*

MATEUS 6:27

Se você for um pouco semelhante a mim, quando está sentindo tristeza profunda ou sofrendo de ansiedade ou depressão ao máximo, a vida parece esmagadora. Se você consegue manter uma lista de tarefas, ela é infindável, e você não tem força para lidar com nada. Tudo parece grande demais. Você não se interessa em fazer até o que gostaria muito de fazer em circunstâncias "normais", e as coisas que realmente não queria fazer parecem uma pedra enorme amarrada em seu pescoço puxando-a para baixo e intensificando seus sintomas.

Creio que um modo de atravessar esses momentos é enfrentando-os. É chamando-os bem alto e dizendo: "Hoje não vou sentir essas coisas. Então o que preciso fazer realmente hoje?". É fazer isso dar certo? Acordar as crianças e servir-lhes cereais no café da manhã? Reduzir as expectativas a seu respeito pode ser um fator de ajuda. Considere essas tarefas como imprescindíveis e use sua energia para realizá-las. E o descanso? Não se preocupe com ele. Não haverá descanso se você estiver preocupada.

No versículo de hoje, Jesus nos lembra de que não devemos fazer nada com preocupação; é uma tarefa fútil e sem valor. A preocupação não é capaz de acrescentar um dia à nossa vida e muito menos energia para realizarmos as tarefas necessárias. Deixe-a de lado; reserve sua disposição para os itens imprescindíveis de sua lista e passe a trabalhar nos outros. Chegará o dia em que você se sentirá melhor. Seja gentil consigo mesma. Faça uma oração. Respire fundo algumas vezes. Feche os olhos e repita as palavras de Jesus mencionadas no texto bíblico de hoje. Viva um momento por vez neste dia e abandone a preocupação. Ore pelo pão de cada dia, pelo que você necessita hoje e não se preocupe com o amanhã.

Se os sentimentos de desalento continuarem por muito tempo, e você não estiver conseguindo realizar o seu trabalho ou terminar uma tarefa, chegou a hora de buscar ajuda profissional. Eu busquei, e é um alívio compartilhar o que se passa em nossa mente. Eu sequer percebi que alguns desses pensamentos estavam contribuindo para minha depressão. Existe ajuda para o que a atormenta, confie em mim.

Minha confissão

Nos dias em que sentir que não estou realizando muita coisa, vou fazer uma pausa e não me preocupar.

Às vezes, focar totalmente no que tem de ser feito é suficiente. Quando você está em estado de depressão, precisa dar a si mesma uma dose extra de complacência.

Progresso, não perfeição

Pegue sua lista de tarefas e faça um círculo em apenas duas ou três coisas que precisam ser feitas hoje. Não se preocupe com as outras.

Deus de amor, ajuda-me a ser benevolente comigo hoje. Lembra-me do Teu amor e da Tua graça e ajuda-me a oferecer graça e amor a mim mesma. Amém.

Provérbios 17:22,24 — 16

UM CORAÇÃO ALEGRE

*O coração alegre é bom remédio,
mas o espírito abatido faz secar os ossos.*
PROVÉRBIOS 17:22 (ARA)

Outro método que uso para lidar com a sensação sufocante da tristeza profunda é manter uma lista das coisas que aprecio. Tento fazer essa lista quando não estou sobrecarregada nem ansiosa; na verdade, é uma boa ideia elaborá-la quando você está realizando atividades das quais gosta. Anote as atividades que você realiza com prazer para que, quando estiver se sentindo mal, não tenha de procurar algo que melhore seu humor. Pegue algum item de sua lista ou tente algo que normalmente a faz se sentir bem. Esperar até se sentir estimulada para pensar na atividade geralmente não funciona, já que você não está em seu melhor momento nem pensando com tranquilidade como normalmente pensa.

Alguns itens de minha lista incluem a leitura de um bom livro de ficção, um passeio ao ar livre em um dia agradável, uma aula de zumba, assar alguma receita, assistir a um dos meus filmes favoritos, geralmente as comédias funcionam melhor para mim, usar minha *playlist* de músicas alegres ou ouvir um álbum com muitas músicas que eu amo.

Elabore sua lista e acrescente tudo o que deixa seu coração bem-disposto. Afinal, esse é um remédio bom e natural, como Provérbios deixa bem claro. Tomamos remédio para nos sentir melhor quando temos dor de cabeça ou outro mal-estar. Acrescentar remédio para ter um coração alegre tem a mesma importância. Aumente a "dose" quando for necessário e procure elevar seu espírito.

Procure o que deixa seu coração feliz e alegre e tome mais uma dose. Mantenha um registro do que lhe dá ânimo e a faz sorrir. Faça essas coisas sempre que necessário. "Repita a dose" é um bom lema para qualquer coisa que alegre seu coração. É prudente manter essas coisas à mão e no piloto automático para os dias em que você necessitar de uma porção extra de ânimo.

Minha confissão
Vou procurar saber o que faz meu coração cantar.

Faça o que a deixa feliz.

Progresso, não perfeição
Comece a elaborar sua lista. O que faz seu coração cantar? Acrescente itens à medida que descobrir outras atividades que lhe trazem felicidade. Não há limite quanto ao tamanho da lista. Mantenha-a por perto.

Deus onisciente e que tudo vê, obrigada porque criaste atividades que fazem meu coração cantar. Lembra-me do que me dá alegria e me ajuda a participar dessas atividades sempre que possível. Amém.

1 Coríntios 13:4-8

17

SEJA GENTIL CONSIGO MESMA

O amor é paciente, o amor é bondoso. Não inveja, não se vangloria, não se orgulha. Não maltrata, não procura seus interesses, não se ira facilmente, não guarda rancor.

1 CORÍNTIOS 13:4-5

Muitos cristãos têm ouvido a bela linguagem de 1 Coríntios 13, também conhecido como o Capítulo do Amor. Ele geralmente é citado em casamentos e destacado em sermões como a maneira respeitosa de amar um ao outro.

No entanto, você já usou essas palavras para pensar mais em como ama a si mesma? Afinal, uma parte do mandamento mais importante de todos nos lembra de amar os outros como nós nos amamos (MATEUS 22:37-39). Como sua linguagem sobre você mudaria se você fosse paciente consigo mesma? Você se trataria de forma diferente se fosse bondosa consigo mesma? Sua voz interior seria diferente se você se lembrasse de que esse amor por si mesma não se ira facilmente, não é decepcionante e não guarda rancor?

Tenho certeza de que você se trataria de modo diferente se virasse um espelho em torno do Capítulo do Amor e lembrasse que amar dessa maneira se aplica não somente ao nosso próximo, mas também a nós mesmas.

Quando estamos vivendo em meio à tristeza profunda ou máxima depressão, somos tentadas a ser duras conosco e pensar negativamente a nosso respeito. Hoje, eu a desafio a usar as palavras de 1 Coríntios 13 para se amar mais e dar uma pausa a si mesma, porque o amor sempre espera, protege, confia e persevera. Você pode ir em frente porque se ama, procurando e aguardando um dia melhor. Seja gentil com você. Seja amorosa com você.

Minha confissão
Posso amar a mim mesma muito bem.

Seja paciente e bondosa com você.

Progresso, não perfeição
Anote em um diário as maneiras pelas quais pode amar a si mesma como 1 Coríntios 13 descreve.

Deus de amor, sei que me amas, como foi evidenciado ao teres me enviado Cristo como presente. Ensina-me a amar a mim mesma e a me tratar bem à medida que sou curada e continuo a progredir para me tornar a pessoa que me chamaste para ser. Amém.

Provérbios 18:20-21

SEJA BONDOSA CONSIGO MESMA

A língua tem poder sobre a vida e sobre a morte; os que gostam de usá-la comerão do seu fruto.
PROVÉRBIOS 18:21

Vou começar com uma ordem: Não se culpe demais! Falo sério e estou falando com você.

Compartilho essa mensagem com amigas o tempo todo porque uma amiga querida me encorajou com as palavras de ser bondosa comigo mesma. Nenhuma de nós se sentaria ao lado de uma amiga e permitiria que ela falasse com ela mesma assim: "Sou um fracasso, não faço nada certo, falhei de novo". Nenhuma de nós permitiria que alguém falasse com nosso filho, ou qualquer outra criança, dessa maneira. Nenhuma de nós permitiria que alguém dissesse essas palavras a respeito das pessoas que amamos. Não é uma linguagem produtiva e a maioria de nós, apesar das circunstâncias, é capaz de encontrar palavras agradáveis para dizer a respeito de alguém em qualquer situação.

No entanto, o que acontece quando se trata de uma linguagem interior? O que acontece quando é você quem precisa de encorajamento? É preciso ser muito sincera para dizer: *Não vou me culpar. Vou eliminar os pensamentos negativos e lembrar a mim mesma quem eu sou, quem me criou, quem me salvou.*

Sabemos o poder que nossa língua tem; sabemos o poder que nossos pensamentos têm. Quando você está abatida e deprimida, não é hora de olhar para si mesma e começar a usar palavras de autodepreciação. Você precisa de toda palavra encorajadora possível para seguir sua jornada, portanto, pare e reformule seus pensamentos e palavras. Seja bondosa com você.

Em meio às lutas, tenho de lembrar a mim mesma: Sou mais importante que meu último projeto. Sou maior que minha última tarefa. Sou maior até que esta depressão na qual me encontro. Não estou pensando com clareza neste momento, portanto, não vou pensar. Vou fazer o que precisa ser feito, seja o que for, e descansar. Vou aguardar, orar e esperar pelo momento em que minha sanidade retorne para pensar com clareza e encorajar a mim mesma. O que não vou fazer é me culpar. Não, não vou. Hoje não! Não vou falar assim comigo.

Você gostaria de se juntar a mim na tarefa de se tratar melhor para ao menos tentar impedir que esses pensamentos e palavras a façam cair na armadilha e se sentir mal?

Minha confissão
Vou usar minha língua para me incentivar, não para me magoar.

Sabemos que as palavras têm poder.

Progresso, não perfeição
Reformule toda palavra ou pensamento negativo que invadir sua mente hoje.

Meu Criador, sei que me criaste e que sabes exatamente do que necessito hoje. Ajuda-me a tratar bem a mim mesma como Tua filha. Amém.

Hebreus 10:23-25

19

ISOLAMENTO

E consideremos uns aos outros para nos incentivarmos ao amor e às boas obras. Não deixemos de reunir-nos como igreja, segundo o costume de alguns, mas procuremos encorajar-nos uns aos outros, ainda mais quando vocês veem que se aproxima o Dia.

HEBREUS 10:24-25

Lembro-me de um exemplo específico quando eu estava deprimida demais. Creio que ainda me encontrava no meio do luto pela perda de minha mãe quando fui convidada para o chá de bebê de uma amiga. Ora, eu não me sentia disposta a comparecer, mas "enganei" a mim mesma e fui, facilitei a ida. A comemoração estava marcada para um domingo, a 35 minutos de distância da minha casa e uns 20 minutos da igreja. Portanto, decidi facilitar a ida ao evento e assistir ao culto que acontecia no horário próximo ao do chá de bebê, já que ali era mais perto do lugar do que a minha casa.

Eu sabia que se assistisse ao culto realizado de manhãzinha, voltaria para casa e talvez desistisse de ir ao chá, então segui meu caminho de carro para assistir ao culto; aquilo também geralmente melhorava meu ânimo. Depois me dirigi ao chá de bebê, que contou com a participação de várias de minhas boas amigas. Participamos juntas de brincadeiras e jogos, comemos coisas gostosas, nos confraternizamos e oramos pelo parto da nossa colega e pela chegada de seu bebê.

Enquanto dirigia de volta, pensei no quanto tinha me divertido. Sempre gostei de participar de brincadeiras e jogos e de estar com as meninas. No início daquela manhã, eu não queria ir, mas fiquei feliz por ter ido. A filha dessa minha amiga completou 15 anos recentemente e todas as vezes que a vejo, sorrio e penso em minha escolha de participar de seu chá de bebê.

Enganar a nós mesmas para marcar compromissos e participar de reuniões pode ser útil quando tudo o que realmente queremos é nos encolher embaixo de um cobertor. No entanto, todas nós sabemos que isolamento não é o que precisamos nessas ocasiões. Estar entre amigas pode trazer a sensação tão necessária de calor humano e ânimo e afastar nossa mente da tristeza profunda que estamos sentindo.

Então, do que você necessita para "se fazer presente" em eventos dos quais não sente vontade de participar? Sair um pouco mais cedo de casa para não ter de decidir na última hora que não quer ir? Pegar todas as suas coisas quando estiver pronta para sair, a fim de não ter de voltar para casa para pegá-las? Pedir carona a uma amiga ou talvez se oferecer para buscá-la?

Essas estratégias não funcionam o tempo todo, mas não seja exigente demais quando souber que vai ter um tempo agradável, se esforce para confraternizar com outras pessoas. Você vai se sentir melhor quando abandonar o isolamento e apreciar a companhia delas por alguns momentos.

Minha confissão
Vou me reunir com outras pessoas em vez de me isolar.

É claro que você não está com vontade de ir, mas se esforce para abandonar o isolamento e se reunir com pessoas que você ama e em quem confia.

Progresso, não perfeição
Aceite o convite para participar de um evento social na companha de algumas amigas ou faça um convite. Pense em alguns truques para pôr em prática, a fim de ter certeza de que irá.

Meu Senhor e meu Deus, obrigada pela companhia de boas amigas. Sei que esta vida não foi feita para ser vivida isoladamente. Dá-me a força extra de que necessito para me reunir com outras pessoas quando não me sinto disposta a isso. Amém.

20 Marcos 2:1-5

ALGUNS POUCOS BONS AMIGOS

Vieram alguns homens, trazendo-lhe um paralítico, carregado por quatro deles. Não podendo levá-lo até Jesus, por causa da multidão, removeram parte da cobertura do lugar onde Jesus estava e, pela abertura no teto, baixaram a maca em que estava deitado o paralítico. Vendo a fé que eles tinham, Jesus disse ao paralítico: "Filho, os seus pecados estão perdoados".

MARCOS 2:3-5

Vamos falar sobre amigos. Às vezes, quando estou abatida, profundamente triste e desanimada, minhas amigas são as últimas pessoas com quem quero falar. Sou conhecida por ser uma amiga positiva e encorajadora, a que chega para trazer inspiração. Mas nas ocasiões em que necessito de ânimo e inspiração, costumo me afastar das pessoas queridas. Recuso-me a atender o telefone; não aceito convites e isolo-me (veja predisposição ao isolamento, no dia 19).

Hoje, porém, o texto das Escrituras me lembra a beleza da amizade. Quatro amigos decidiram ajudar o amigo paralítico, erguendo-o e carregando-o até onde Jesus estava. Fizeram o que o homem não podia fazer sozinho. Sabiam como poderiam ajudá-lo, tiveram fé que Jesus era a resposta e fizeram o que era necessário para que o amigo chegasse até Ele.

Ah, o valor de alguns bons amigos! Às vezes nossa ajuda está exatamente ali, em nosso círculo de amizades. Temos de ser vulneráveis e confiantes o bastante para permitir que nossos amigos mais íntimos e queridos conheçam nossas emoções naquele momento e precisamos permitir que nos ajudem. Sei que não é fácil, mas os amigos verdadeiros podem ajudar nesse tempo. Seja simplesmente com alguns momentos divertidos de recordações da vida, um cutucão sincero para consultar um terapeuta ou com um suave lembrete de que Deus não nos deixou aqui no mundo para lidar sozinhas com a vida; os amigos podem ser de muito valor quando estamos enfrentando dias sombrios.

Quando se sentir inclinada a se isolar em razão de seu humor, lembre-se de como os amigos, de um modo geral, podem ajudar nesses momentos. Alguns são capazes de fazer o que você não pode fazer por si mesma nessa hora, e essa é uma das razões pelas quais eles existem. Permita que alguns poucos bons amigos e amigas a carreguem nesse período. Considere essa ajuda como uma extensão da provisão de Deus e um lembrete divino de que você, minha irmã, não está sozinha.

Minha confissão
Posso confiar em alguns poucos amigos e amigas para me ajudar às vezes.

Vou abandonar o isolamento e compartilhar com um amigo ou amiga como estou me sentindo realmente.

Progresso, não perfeição
Seja corajosa e escreva como um amigo ou amiga pode ajudá-la nesta semana. Então, peça-lhe ajuda.

Senhor misericordioso, obrigada pelas pessoas que colocaste em minha vida. Ajuda-me a expor meus sentimentos a alguém que se preocupa comigo. Amém.

Jó 2:11-13

21

AMIGOS E PALAVRAS

Quando três amigos de Jó, Elifaz, de Temã, Bildade, de Suá, e Zofar, de Naamate, souberam de todos os males que o haviam atingido, saíram, cada um da sua região. Combinaram encontrar-se para, juntos, irem mostrar solidariedade a Jó e consolá-lo.

JÓ 2:11

Amigos e depressão podem render um capítulo inteiro de um livro. No meu caso, tenho amigas que tentam me animar e me fazer sair da depressão, amigas que disseram algumas palavras duras ao notar que eu não estava sendo eu mesma, e algumas amigas que têm sido um verdadeiro esteio — uma orando comigo para encontrar o terapeuta certo que respeitaria minha fé, outra escolhendo lâmpadas de terapia de luz para nós duas durante aquele período (veja dia 42).

Enquanto o homem mencionado em Marcos na passagem bíblica do devocional anterior teve amigos que o ajudaram e o carregaram porque ele não podia chegar aonde Jesus estava, há ocasiões em que nossos amigos são mais parecidos com os de Jó. Acredito que aqueles companheiros afrontosos tinham boas intenções. Quando ouviram falar da calamidade que se abatera sobre seu estimado amigo, eles se levantaram e foram a sua casa para consolá-lo, tentando oferecer algum tipo de apoio. Mas se você conhece bem a história, sabe que vários capítulos do livro de Jó descrevem as palavras proferidas por esses amigos, mostrando que agiram de forma totalmente errada e insensível. Eles culparam Jó por sua condição; apresentaram soluções superficiais, dizendo-lhe que procurasse Deus e implorasse junto ao Todo-poderoso (JÓ 8:5), como se ele já não tivesse feito isso! Chegaram a inverter as posições e colocaram seus sentimentos acima dos de Jó: "Sua conversa tola calará os homens?" (11:3). Conclusão: os amigos estavam incomodados com a situação dele e simplesmente não o apoiaram.

É verdade, nem todo amigo se encontra na posição de apoiá-la da forma como você precisa em dias sombrios ou ensolarados.

Portanto, em vez de permanecer ao lado de amigos como os de Jó, concentre-se naqueles que Deus *colocou* em posição de ajudá-la e lembre-se que nem todos lhe trarão conforto e ajuda nesse período de sua vida. Seja grata por aqueles que podem ajudá-la e recorra a eles.

Minha confissão
Vou procurar amigos que me apoiem durante esta fase.

Nem todos os amigos serão capazes de confortar e apoiar você neste momento.

Progresso, não perfeição

Faça uma lista de amigos que entendam o que você está passando e agradeça a Deus por eles hoje.

Deus de todos, obrigada pelos amigos que são capazes de me consolar durante dias sombrios. Peço uma bênção especial na vida deles. Peço também que me dês paciência e compreensão para aceitar alguns que não serão capazes de me apoiar neste momento. Amém.

22 — Jeremias 29:12-14

AMIGOS E OUTRAS PALAVRAS

Então vocês clamarão a mim, virão orar a mim, e eu os ouvirei.
JEREMIAS 29:12

Alguém já lhe mandou "apenas orar" quando você enfrentava os desafios de um espírito e mente deprimidos? Certamente eu listaria essas palavras como mais uma frase insensível que nossos amigos nos dizem. Ah, não me interprete mal: sou uma pessoa de fé e creio firmemente no poder da oração. Já recebi respostas às minhas intercessões, louvo a Deus e tento me lembrar delas com frequência (embora, à medida que envelheço, a lista se torna cada vez mais longa para que eu consiga me lembrar de todas!). Então, naturalmente entendo o que a oração pode fazer e, acima de tudo, o que o Deus a quem oro é capaz de fazer.

Mas quando estou vivendo um momento depressivo, a insinuação de que orar é tudo o que necessito me faz pensar: *Você não imagina como já apresentei esta situação a Deus em oração.* Acredite em mim: se você for uma pessoa de fé, você ora quando a depressão invade seu espaço. Você pede a Deus que a tire desse medo, melhore seu humor e mude os elementos químicos do seu corpo que causam desconforto. Quando o impacto entorpecente da tristeza profunda a atinge, a oração pode ser sua primeira arma de defesa.

No entanto, dizer "apenas ore" é menosprezar a condição, em minha opinião. Depois de uma separação difícil, na qual fiz algumas coisas muito estúpidas que não fazem parte do meu caráter, eu disse a uma amiga que estava buscando aconselhamento. Queria conversar sobre o que tinha acontecido e receber ajuda para processar as coisas, a fim de poder seguir em frente e ser uma pessoa melhor — afinal, é assim que normalmente vejo uma experiência. Minha querida amiga, que certamente tinha a melhor das intenções, me disse: "Você precisa apenas de Jesus e da sua Bíblia". Eu tenho Jesus, minha Bíblia e a oração; ainda assim, sofro de depressão.

Ocasionalmente, a fé é usada como panaceia e pode ser jogada a esmo como mantras atraentes e até breves versículos bíblicos. Mas aquelas de nós que temos percorrido essa estrada tentando lidar com a tristeza profunda sabemos que, às vezes, a cura exige mais que um versículo bíblico. Sim, as passagens bíblicas podem nos dar esperança e inspiração. Sim, a oração sempre pode nos colocar em uma mentalidade melhor. Mas o que realmente necessitamos é de algo mais complexo do que conseguimos resumir de forma breve. Necessitamos de tudo que nos torne pessoas mais íntegras.

Busque o que achar melhor para você; busque com fé e de todo o coração, assim como busca a Deus. Na verdade, busque ao Senhor plenamente em suas orações e ouça as respostas para encontrar meios para ser curada.

Minha confissão
Vou buscar a Deus para receber ajuda e ouvir qual é o próximo passo para a cura.

Para lidar de verdade com a tristeza profunda, precisamos de algo muito mais complexo do que poderia ser resumido em uma única palavra.

Progresso, não perfeição
Faça uma lista com várias sugestões para receber cura total.

Deus que cura, sei que és capaz de me devolver a saúde. Sei que podes me mostrar os meios de que necessito para incorporar ao meu processo de cura. Concede-me força e determinação para fazer o que precisa ser feito para meu bem-estar. Obrigada por não me abandonares nem me desamparares. Amém.

Mateus 11:25-30 | 23

O RITMO LIVRE DA GRAÇA

*Vocês estão cansados, enfastiados de religião?
Venham a mim! Andem comigo e irão recuperar a vida.
Vou ensiná-los a ter descanso verdadeiro. Caminhem e
trabalhem comigo! Observem como eu faço! Aprendam os
ritmos livres da graça! Não vou impor a vocês nada do que
seja muito pesado ou complicado demais. Sejam meus
companheiros e aprenderão a viver com liberdade e leveza.*

MATEUS 11:28-30 (MSG)

Participei de um grupo de oração com outras mulheres no ano passado, três dias por semana durante uma hora, e uma das muitas lições que aprendi foi orar usando a Escritura. Isso significa que quando temos um pedido de oração e nos sentimos sobrecarregadas e preocupadas, a líder do grupo pergunta: "Em que passagem da Bíblia você está se apoiando?". Ela pede às mulheres que repitam os versículos que falam ao momento que estão vivendo, para lembrar a quem pediu oração o que a Palavra de Deus diz a respeito daquela situação. Isso é poderoso!

Lemos as Escrituras com frequência, mas repetir uma passagem que fala especialmente à nossa situação é um ato capaz de provocar uma mudança em nós. Uma das versões bíblicas que me ajuda quando me sinto sobrecarregada e ansiosa é a que A Mensagem apresenta para Mateus 11:28-30. Sei que nas versões tradicionais essa passagem das Escrituras se refere ao convite de Jesus para que nos acheguemos a Ele quando estamos cansados e sobrecarregados e Ele promete nos dar descanso. A imagem que visualizamos mentalmente nessa versão é útil também. O que necessito quando estou sobrecarregada e cansada é, na maioria das vezes, descansar. Não necessariamente um cochilo, embora ele também seja útil, mas parar de se preocupar exageradamente com todas as possibilidades de coisas que podem dar errado, parar de me sentir sobrecarregada com as tarefas enormes e aparentemente intermináveis diante de mim. Preciso "andar" com Deus e descansar ou "recuperar" minha vida.

O que me dá muita paz é ler o modo como A Mensagem descreve a graça: ela é espontânea. É um ritmo que tem o seu próprio compasso, não meu nem de mais ninguém. A graça se movimenta comigo. Não bate na minha cabeça e diz: "Faça isso". Ela simplesmente acontece. É livre, indomada, espontânea, o que me proporciona descanso. Isso me proporciona esperança e alívio. Ah, aquela imagem mental revigorante e tão necessária durante períodos estressantes. Agradeço a Deus pela graça. Lembrar que ela é livre e se movimenta em um ritmo diferente que me traz o descanso de que tanto necessito.

Você já pensou no "ritmo livre da graça" durante seus períodos de tristeza profunda? Como a lembrança dessa imagem mental pode ajudá-la quando você se sente sobrecarregada, abatida ou triste?

Minha confissão
Posso descansar quando permito que a graça me envolva por inteiro. Ela é espontânea.

Deixe a graça se movimentar com você hoje.

Progresso, não perfeição
O que a faz se lembrar do ritmo livre da graça? Coloque um lembrete por perto para que você pense com frequência no ritmo da graça, o meu é uma foto das ondas do mar.

Deus de toda graça, sou particularmente grata pelo ritmo livre da graça. Que eu fique atenta ao Seu compasso especial quando sou compelida a me preocupar ou ficar sobrecarregada. Agradeço-te pelo descanso verdadeiro em Tua graça maravilhosa. Amém.

24 Eclesiastes 3:1-8

HÁ TEMPO PARA TUDO

Para tudo há uma ocasião certa; há um tempo certo para cada propósito debaixo do céu: Tempo de nascer e tempo de morrer, tempo de plantar e tempo de arrancar o que se plantou.

ECLESIASTES 3:1-2

Quando foi atingida pela tristeza profunda, talvez por alguns dias ou mais, você chegou a pensar que esse pode ter sido um período de recuperação? Será que foi um tempo para sentar e descansar e fazer as coisas um pouco diferente? Afinal, a vida transcorre em períodos ou estações. Até a Terra nos mostra isso: há o outono, tempo de colheita e de retornar à rotina; o inverno, quando muita coisa morre e os animais hibernam ou dormem por mais tempo; a primavera, quando vemos nova vida e renascimento, e o verão, quando nos divertimos mais, apreciamos os dias mais longos e muitas plantas no seu total desabrochar.

Se você for como eu, gosta de um bom e longo verão. Gosta das refeições ao ar livre com amigos, dos feriados, das reuniões em família, de sair de casa sem casaco, luvas e cachecol. Particularmente, eu amo andar de chinelo e aproveitar o ritmo mais lento do verão. Mas para ser sincera, muito sol, dias à toa e demasiadas refeições ao ar livre me deixam exausta no verão. Não nasci para viver sempre nessa estação, também preciso usar minhas roupas de moletom e minhas botas elegantes!

Da mesma forma, por mais triste que possa parecer, não fomos criadas para viver em felicidade eterna. Ao menos não enquanto não chegarmos ao Céu. Atravessamos períodos de altos e baixos; vivemos experiências maravilhosas no alto da montanha e usamos o vale para nos preparar para a próxima aventura. Não faz sentido pensar em uma montanha sem pensar no vale.

Portanto, enquanto atravessa esta fase de abatimento, pense nela como uma estação do ano. Considere-a como parte da ordem das coisas. Naturalmente, se durar muito tempo, talvez você necessite buscar mais ajuda. Mas, se fizer parte do ciclo da vida, lembre-se do que Eclesiastes declara: "Para tudo há uma ocasião certa; há um tempo certo para cada propósito debaixo do céu: [...] tempo de chorar e tempo de rir; tempo de prantear e tempo de dançar" (3:1,4). Este é apenas um período da vida e é de grande valia lembrar que Deus está com você até nos vales (VEJA SALMO 139:8). Descanse nesse período; descanse na segurança de que o Senhor a vê, ouve e está ao seu lado, bem perto de você.

Minha confissão

Neste tempo que estou passando agora, vou lembrar que Deus está aqui, bem perto de mim.

As estações são parte natural da vida.

Progresso, não perfeição
Pense em alguns benefícios da estação natural do inverno. Como sua temporada de "inverno" emocional poderia receber esses mesmos benefícios?

Deus de toda graça, dá-me força para atravessar este tempo da vida que enfrento agora. Ajuda-me a conciliar meu ritmo e expectativas enquanto aguardo uma mudança. Amém.

Salmo 42:6-11

RECONHEÇA AS EMOÇÕES

Por que você está assim tão triste, ó minha alma?
Por que está assim tão perturbada dentro de mim?
Ponha a sua esperança em Deus! Pois ainda o louvarei;
ele é o meu Salvador e o meu Deus.

SALMO 42:11

Nossas emoções são verdadeiras. Uma das maneiras de lidar com a tristeza profunda é reconhecer o que estou sentindo. Apesar de ser naturalmente otimista — característica que, em minha opinião, ajuda na maioria das vezes —, aprendi que não tenho que correr atrás do resultado positivo sempre. Não necessito enfeitar um pacote de coisas difíceis com um belo laço de fita o tempo todo. Acredito que "Deus age em todas as coisas para o bem daqueles que o amam..." (ROMANOS 8:28), mas também sou capaz de dizer que nem todas as coisas são boas. Algumas são horríveis e penosas e são responsáveis por minhas graves crises de tristeza profunda.

Na passagem bíblica de hoje, o salmista fez à sua alma a difícil pergunta "por que". Ele estava abatido e se perguntou "por que". A resposta vem imediatamente após a pergunta, e ele encoraja a si mesmo a pôr sua esperança em Deus.

Nem sempre recebo uma resposta imediata quando converso com minhas emoções, mas curiosamente costumo me sentir melhor. Isso parece colocar as coisas em perspectiva para pensar por que estou abatida. Ajuda-me a lembrar qual deve ser a causa desse mal-estar e abre espaço para o Espírito de Deus falar comigo e me ajudar a lembrar onde devo pôr minha esperança. Quase sempre eu me lembro de uma passagem bíblica que fala da minha situação porque reconheci minhas emoções. Sinto o desconforto e pergunto por quê.

Nem sempre é fácil fazer uma pausa e falar sinceramente sobre o que você está sentindo ou por que está sentindo; às vezes lhe faltam palavras para descrever seus sentimentos e não há motivo para tristeza. Mas quando você se liberta de segurar tudo, abre espaço e passa um tempo lamentando e clamando a Deus, como fez o salmista, pode ser que alguns pensamentos lhe venham à mente, ou talvez seja necessário extravasar o que está em seu interior.

Tente fazer isso hoje: Converse com suas emoções. Sugiro escrever em um diário o que está sentindo e o que lhe causa desconforto. Peça a Deus que fale especificamente à sua situação.

Minha confissão
Vou conversar com minhas emoções hoje.

Você pode pôr sua esperança em Deus para que Ele dê uma solução para todos os seus problemas.

Progresso, não perfeição

Por que você está sentindo tristeza e abatimento? Pergunte à sua alma por que ela está triste e, se receber uma resposta, escreva-a em um diário.

Deus onisciente, concede-me o que necessito para identificar as emoções que me fazem sentir desconforto e inquietação. Ajuda-me a pôr minha esperança em ti para receber uma resposta. Amém.

26 — 2 Coríntios 4:7-12

NÃO DESANIME

De todos os lados somos pressionados, mas não desanimados; ficamos perplexos, mas não desesperados; somos perseguidos, mas não abandonados; abatidos, mas não destruídos.

2 CORÍNTIOS 4:8-9

Na passagem bíblica de hoje, Paulo apresenta uma imagem vívida com palavras em sua carta aos coríntios. O apóstolo sabia que os novos cristãos passavam por tempos difíceis. Eles estavam sendo atacados, tinham de lidar com problemas e perseguição por vários motivos, e Paulo queria encorajá-los para que não desanimassem.

Penso que a depressão persegue os cristãos de hoje; ela ataca a mente e impede que vejamos a nós mesmas como Deus nos vê. Em razão disso, nos esquecemos dos benefícios que temos por poder orar e reconhecer quem Ele é. Quem entre nós não viu o que o Senhor tem feito e o que pode fazer, independentemente do momento que estamos atravessando? O texto escrito por Paulo nos lembra que não devemos desanimar quando somos perseguidas ou lidamos com a depressão.

Gosto de rever as palavras do apóstolo porque são vívidas. Sim, somos pressionadas, ficamos perplexas, somos até perseguidas e ficamos abatidas. Porém, após cada descrição, Paulo diz o que nós *não* somos ou ficamos: Não somos desanimadas, não ficamos desesperadas, não somos abandonadas e não somos destruídas. Ele não diz que não teremos dissabores nem diz que deseja que desapareçam, mas lembra aos coríntios e a nós que, seja o que for que estamos atravessando, não é o fim. Isso não vai nos fazer desistir.

Independentemente do que você esteja passando, repita os versículos de hoje e se concentre principalmente nas palavras depois de "mas não". Use essas verdades para continuar a ir em frente e não desistir, aguardando dias melhores. Você *não* está desanimada. Você *não* está desesperada. Você *não* está abandonada. Você *não* está destruída. Aleluia!

Minha confissão
A depressão não vai me destruir.

Você pode ficar abatida, mas não destruída.

Progresso, não perfeição
Escreva a passagem de 2 Coríntios 4:8-9 na versão bíblica que mais fale ao seu coração. Repita os versículos durante o dia para lembrar que a depressão não é o fim.

Deus santo, obrigada pela lembrança de que este caminho acidentado que estou atravessando não é o meu fim. Ajuda-me a lembrar que não estou desanimada, abandonada ou destruída. Amém.

27 Salmo 23

OS VALES DA VIDA

*Mesmo quando eu andar por um vale de trevas
e morte, não temerei perigo algum, pois tu estás comigo;
a tua vara e o teu cajado me protegem.*

SALMO 23:4

Os vales são mencionados na Bíblia inteira. Minha referência favorita está na versão King James do Salmo 23:4: "Sim, ainda que eu ande pelo vale da sombra da morte…". Um dos meus professores de ensino bíblico me disse que há algo especial nos salmos dessa tradução.

Quando estou abatida ou profundamente triste, também penso muito nos vales. Eles me lembram os lugares baixos da vida. De fato, o dicionário *Houaiss* chega a definir a palavra *vale* como *depressão*. Nos vales, a terra fica mais para baixo em relação às outras.

Se, porém, levarmos adiante a metáfora do vale, também perceberemos que os vales têm um propósito e são necessários. Não podemos viver apenas em uma montanha, e o único caminho para viajar de um lado para o outro é nos vales. Não podemos pular do alto de uma montanha para outra.

No entanto, não estou aqui para lhe dizer qual é o propósito de seu vale. Estou aqui para lembrá-la que passará parte da vida viajando em locais baixos, aqueles períodos prolongados no decorrer de sua existência.

Mas a boa notícia a respeito dos vales está no Salmo 23: Embora eu esteja no vale, talvez no vale da sombra da morte, não preciso ter medo. Não preciso ceder aos sentimentos depressivos que querem me afundar. Por quê? Porque Deus está comigo. Ele promete estar comigo sempre (MATEUS 28:20). Portanto, não tenho de me preocupar com nada.

Os vales não são experiências no alto da montanha. Os vales podem ser rotineiros, muito baixos, sem uma visão completa do caminho à frente. Mas Deus está nos vales também, e isso me dá esperança e um pouco de encorajamento para seguir em frente no vale durante os dias sombrios.

Minha confissão
Posso estar no vale, mas não estou sozinha.

Deus caminha com você ao longo dos vales.

Progresso, não perfeição
Procure um cântico ou hino que mencione vales e ouça-o enquanto atravessa os seus. Meus dois favoritos são *The Blood Will Never Lose Its Power* (O sangue nunca perderá seu poder), de Andraé Crouch, e *For Every Mountain* (Para cada montanha), de Kurt Carr.*

Amado Deus, sou grata por Tua promessa de estar sempre comigo, inclusive nos vales de minha vida. Que eu permaneça atenta à Tua presença durante este período. Amém.

---

* N.E.: também sugerimos o clássico Paz no Vale, interpretado por Luiz de Carvalho, e No Vale, de Maria Elisângela.

28 Isaías 43:1-7

AFOGAMENTO

*Quando você atravessar as águas,
eu estarei com você; quando você atravessar os rios,
eles não o encobrirão. Quando você andar
através do fogo, não se queimará; as chamas
não o deixarão em brasas.*

ISAÍAS 43:2

Se somos realmente sinceras conosco, temos de admitir que às vezes a depressão, a ansiedade e a tristeza nos dão a sensação de que estamos submergindo em águas profundas, mal conseguindo manter a cabeça acima da superfície. Nunca estive perto de me afogar literalmente, mas posso imaginar a sensação horrível de desespero quando a água cobre nossa cabeça e não podemos mais prender a respiração, sentindo que a água está nos engolindo.

Mas às vezes é exatamente assim que eu me sinto quando a vida me sufoca. Não consigo prender a respiração nem fazer uma pausa. Seja qual for o tamanho de meus problemas, todos parecem grandes demais para lidar com eles. Sinto que a vida está se fechando em torno de mim e que as águas me empurram para o fundo, em direção ao desconhecido e ao insolúvel. Quando nos encontramos nesse estado, é difícil ver além do volume crescente das águas.

É nesse ponto que a imagem mental traçada em Isaías 43 se torna muito, muito real para mim. Ocasionalmente, lemos as Escrituras como se fossem apenas palavras, e em outras somos capazes de senti-las. Penso que não foi por acaso que Deus usou Isaías para dizer aos israelitas e a nós que às vezes a vida é intransponível. Parece que estamos atravessando águas agitadas, profundas, sufocantes. Mas felizmente o versículo não para por aí. Mesmo quando a vida parece nos engolir como águas volumosas, Deus nos faz uma promessa: Ele estará conosco. Deus está ao nosso lado nas águas profundas e turbulentas.

Quando se sentir afogada pelas águas da vida, recorra a Deus, pois Ele prometeu estar conosco, não importa como nos sentimos. Mesmo quando você tem a sensação de estar se afogando, se firme na promessa do Senhor e recorra a Ele, mesmo enquanto tenta segurar o fôlego. Deus está perto, Ele está com você através das águas, através dos rios, através do fogo.

Minha confissão
Deus está comigo.

Não importa quão profunda seja a água,
Deus prometeu estar com você.

Progresso, não perfeição

Pense em como você poderia ser capaz de lembrar a si mesma que Deus está com você, mesmo que não o sinta. Escreva algumas frases sobre como você pode ter sempre em mente a promessa do Senhor de estar com você enquanto atravessa águas turbulentas. Considere a possibilidade de relembrar como Ele esteve com você no passado.

Deus de Israel, reconheço que às vezes as águas da vida parecem volumosas demais para lidar com elas, como se fossem tomar conta de mim. Mas eu te agradeço e te louvo por me lembrares de tua promessa de estar comigo enquanto atravesso essas águas. Amém.

Efésios 6:10-17   29

UMA LUTA DIFERENTE

(PARTE 1)

*Revesti-vos de toda a armadura de Deus,
para poderdes ficar firmes contra as ciladas do diabo;
porque a nossa luta não é contra o sangue
e a carne, e sim contra os principados e potestades,
contra os dominadores deste mundo tenebroso,
contra as forças espirituais do mal, nas regiões celestes.*

EFÉSIOS 6:11-12 (ARA)

Um de meus exercícios favoritos é o treino de boxe. Quando treino usando uma videoaula gravada, o instrutor diz que devo praticar os seguintes movimentos: *jab* e direto, cruzado e direto*. Você sabia que o exercício físico é uma ótima ferramenta para lidar com a depressão, mesmo quando não queremos? Embora eu nunca tenha entrado em um ringue de verdade, quando treino boxe, imagino um adversário no qual desejo dar um soco muito forte — isso mesmo, para tornar o treino mais eficaz.

Mas, falando sério, imagino que um adversário tem sua utilidade e, para ser franca, alguns dos meus adversários naquele

---

* N.T.: *jab* é um soco executado com a mão que está à frente da guarda; direto é um soco mais potente lançado com a mão que está atrás da guarda; cruzado é um golpe lateral, de curta distância.

ringue imaginário eram colegas com os quais eu trabalhava e até pessoas que considero amigas. Contudo, em minha jornada rumo ao amadurecimento cristão, substituí os adversários humanos pelos que constam em Efésios 6:11-12. Não estou lutando contra uma pessoa, mas contra os poderes das trevas, contra as forças do mal, contra seus "principados".

Também me sinto dessa maneira em relação à depressão. Talvez sejam forças do mal tentando tomar conta de nossa mente e espírito ou aquelas substâncias químicas desequilibradas tentando nos fazer pensar e agir de modo contrário ao que o Espírito e a Palavra de Deus dizem a nosso respeito. Quando treino *jab*, cruzado e direto, declaro que aquelas forças não vão me derrotar. Aqueles principados não vão vencer. Estou em uma luta, vestindo toda a armadura de Deus para vencê-la. Todos os dias, acordo de manhã e luto, não contra uma pessoa, mas contra as forças do mal. No próximo devocional, vamos falar da armadura de Deus e de sua utilidade.

Minha confissão
Estou lutando contra as forças do mal que tentam me atacar.

Você não está lutando contra uma pessoa, mas contra as forças espirituais do mal.

Progresso, não perfeição

Se tiver condição física, pratique uma rotina de boxe; é fácil encontrar algumas on-line. Faça pelo menos uma pequena quantidade de exercícios e, quando der um soco, pense que está nocauteando as forças malignas da depressão.

Deus de toda graça, obrigada por me lembrar que não estou lutando contra pessoas, mas contra forças que não querem que eu seja vencedora. Confio em Tua força e proteção para vencer minhas batalhas. Amém.

30   Efésios 6:10-17

UMA LUTA DIFERENTE

(PARTE 2)

Assim, mantenham-se firmes, cingindo-se com o cinto da verdade, vestindo a couraça da justiça e tendo os pés calçados com a prontidão do evangelho da paz. Além disso, usem o escudo da fé, com o qual vocês poderão apagar todas as setas inflamadas do Maligno. Usem o capacete da salvação e a espada do Espírito, que é a palavra de Deus.

EFÉSIOS 6:14-17

Em Efésios somos instruídas a vestir toda a armadura de Deus para sermos vitoriosas na batalha contra as forças do mal que tentam nos derrotar. Mas qual é realmente essa armadura e como aplicá-la em nossa vida para vencermos a tristeza profunda?

Primeiro, devemos permanecer firmes e seguras, entendendo quem somos em Deus e o que Ele pode fazer. Lembre-se: a depressão pode distorcer sua mente e fazê-la pensar que é indigna e não tem valor, mas quando você conhece a verdade, o que a Palavra de Deus diz sobre sua pessoa, é possível abandonar o pensamento distorcido e confiar na verdade.

Você já aplicou a verdade da Escritura à sua situação? Leu como Jesus expulsou os demônios e fez a vida das pessoas voltar ao normal? Ouviu falar de como outras pessoas foram curadas com a ajuda de medicamentos, terapia, e algumas práticas de saúde mental? Se sim, amarre essas verdades em torno de sua cintura e apegue-se a elas com firmeza, mesmo nos dias mais sombrios. Acredite que a cura é possível para você e que ela chegará.

Tendo todo o evangelho de Jesus na mente, caminhe em paz, lembrando-se de quem Jesus é e o que fez por você no passado, bem como o que tem feito por outras pessoas. Essa lembrança transforma o que você vê e pode ajudá-la a fortalecer sua fé, aquilo que você não vê. Assim, crer passa a ser um escudo, uma barreira protetora contra os danos que podem ser feitos a você se acreditar que as forças do mal são capazes de dominá-la. Esse escudo pode ajudá-la a lutar contra as trevas.

Lembre-se também de usar o capacete da salvação para proteger a cabeça e a mente. Ele foca na dádiva que Deus lhe concedeu: não apenas vida eterna, mas também vida plena (VEJA JOÃO 10:10). Essa vida plena pode trazer provações, tribulações e tristeza, mas também alegria, cura, consolação e encorajamento.

Onde quer que você esteja na jornada de cura, use toda a armadura de Deus para ajudá-la a seguir em frente e lutar contra as forças da tristeza profunda ou da depressão. Sim, medicamentos e terapia podem ser usados para auxiliar na cura às vezes. Louve a Deus por todas as ferramentas que Ele lhe dá para derrotar as trevas e aguardar com expectativa um novo amanhecer.

Minha confissão
Vou vestir toda a armadura de Deus todos os dias na batalha contra a depressão.

Continue a lutar, um dia de cada vez.

Progresso, não perfeição
Imagine cada peça da armadura espiritual e como elas podem ajudá-la a lutar contra a depressão hoje. Ao longo do dia, imagine estar usando cada peça e lutando contra a depressão.

Deus santo, obrigada pelas ferramentas que me deste para lutar contra a tristeza profunda. Prometo vestir toda a Tua armadura, continuar a lutar e utilizar todas as ferramentas que me deste. Amém.

Salmo 139:13-18 — 31

DISTORÇÕES

Eu te louvo porque me fizeste de modo especial e admirável.
Tuas obras são maravilhosas! Digo isso com convicção.

SALMO 139:14

Você já ficou frente a frente com um espelho mágico? Os ângulos e curvas refletem a luz para que você pareça mais alta, mais gorda, mais magra ou maior; basicamente, eles refletem uma imagem distorcida.

A depressão é uma espécie de espelho mágico: distorce totalmente os pensamentos que você tem a seu respeito. Sussurra ao seu ouvido, e às vezes grita, que você não tem valor, que é digna de pena, que está doente. Essas vozes em sua cabeça não são claras; não refletem quem você realmente é.

Deus diz outra coisa e, em tempos de tristeza profunda, é importante repetir as palavras dele e permitir que elas tomem conta de seus pensamentos e da percepção que você tem de si mesma.

Como diz o salmista, fomos criadas de modo especial e admirável, o que significa que fomos criadas completas e belas. Somos criação divina e o Criador sabe tudo a nosso respeito. Romanos 8 nos lembra de que nada pode nos separar do amor de Deus; na verdade, somos mais que vencedoras (v.37); isso significa que temos poder para mover montanhas e derrotar aquilo que distorce nossa mente.

A distorção não é verdadeira; a Palavra de Deus é. Em qual você acredita? Que palavra, ou palavras, você vai repetir para se lembrar de quem é em Cristo? Certamente, não é o que está dizendo a si mesma quando seu espírito está distorcido.

Quando se convive com a tristeza profunda, é importante se lembrar de quem Deus diz que você é e gritar essas palavras mais alto do que as vozes em sua cabeça. Você é digna de amor e carinho, receba-os e descanse no amor de Deus.

Minha confissão
Fui feita de modo especial e admirável.

A depressão pode distorcer o que você pensa sobre si mesma. Faça um esforço para lembrar quem você é de verdade.

Progresso, não perfeição
Procure duas ou três passagens bíblicas que a façam lembrar de como Deus a criou e quem Ele planejou que você fosse. Escreva essas mensagens em cartões ou outros meios, até em seu celular, para que você sempre lembre quem realmente é.

Deus, louvo-te pelo modo especial e admirável que me fizeste. Sei que fui feita à Tua imagem e que me vês como sou de verdade. Amém.

Efésios 6:18-20

INTERCESSÃO

*Orem no Espírito em todas as ocasiões,
com toda oração e súplica; tendo isso em mente, estejam
atentos e perseverem na oração por todos os santos.*

EFÉSIOS 6:18

Em minha busca pela cura da mente, do corpo e do espírito, tenho lido muitos artigos e livros sobre como lidar com a depressão e a tristeza profunda. Alguns conselhos são bons, outros não. Alguns são sensíveis ao caso específico da depressão, outros não. Sinceramente, estou tentando fazer o meu melhor para não ser uma daquelas pessoas insensíveis que oferecem conselhos que só servem para fazer você se sentir pior.

Como escritora de devocionais que acredita que a Palavra de Deus é um bálsamo e proporciona todas as ferramentas necessárias para atravessarmos mais um dia difícil, apresento alguns exercícios tangíveis que me ajudaram. Essas ideias não são pílulas mágicas nem soluções rápidas, mas atitudes que tomei durante meus dias nebulosos de depressão. Enquanto escrevo, oro para que algumas delas possa despertar algo para que você continue prosseguindo, acreditando e esperando por aquele dia mais brilhante, um passo por vez.

Após essa recomendação, quero sugerir a oração intercessora, sobre a qual Paulo fala no versículo de hoje. Ele nos lembra de animar, por meio da oração, aqueles que estão ao nosso redor. Veja bem, a depressão faz com que você foque em si mesma, no que você não tem vontade de fazer, no abatimento e na tristeza que sente. Sei que minha vida de oração sempre se concentra em pedir que Deus levante minha cabeça e desfaça as nuvens durante meus dias nebulosos. E, acredite em mim, penso que essas são orações que merecem ser feitas. Uma parte importante desta travessia pela tristeza profunda é levar tudo a Deus em oração. Porém, pensar na condição de outra pessoa e interceder em favor dela também serve para levantar sua cabeça e, melhor ainda, mudar seu foco.

Ainda que desviar a atenção para o problema de outra pessoa não leve embora a tristeza, isso vai fazê-la se lembrar de duas coisas importantes: 1) Deus ainda realiza milagres e confiamos nele para intervir em nossas circunstâncias; orar pelo meu próximo é reconhecer que Deus tem uma resposta, mesmo que eu não saiba qual é; e 2) Orar pelos outros me torna ciente de que existe algo mais do que minha alma triste. Assim como eu, as pessoas ao meu redor estão enfrentando problemas sérios, e quero que o Senhor intervenha em todas essas situações.

Assim, enquanto você leva suas preocupações ao Pai em oração, lembre-se de ter à mão uma lista com o nome de outras pessoas que também necessitam de respostas às suas orações. Em meus dias mais sombrios, deixo a lista perto do meu computador e passo os olhos por ela ocasionalmente. Leve a Deus o nome das pessoas de sua lista, peça a Ele que atenda aos pedidos delas e veja o que acontece com seu humor e sua situação.

Minha confissão
Vou apresentar a Deus o nome de meus irmãos e irmãs que necessitam de oração hoje.

Quando atravessar dias nebulosos, não se esqueça de interceder pelos outros. Essa atitude mudará seu foco.

Progresso, não perfeição
Elabore uma lista de pessoas pelas quais você vai interceder nesta semana. Deixe a lista por perto para que você pare e ore pelo seu próximo no decorrer do dia.

Pai celestial, obrigada pela capacidade de orar intercedendo pelos outros. Enquanto atravesso dias difíceis, levo a ti os problemas dos outros também. Peço especificamente por _____ (escreva o nome), *que precisa de* _____ (escreva a necessidade). *Amém.*

33 1 Samuel 17:32-40

DESAPEGUE DAS EXPECTATIVAS

*Saul vestiu Davi com sua própria túnica,
colocou-lhe uma armadura e lhe pôs um capacete de bronze
na cabeça. Davi prendeu sua espada sobre a túnica
e tentou andar, pois não estava acostumado com aquilo.
E disse a Saul: "Não consigo andar com isto,
pois não estou acostumado". Então tirou tudo aquilo.*

1 SAMUEL 17:38-39

Creio que é importante repetir que não estou tentando diagnosticar sua depressão, mas focando em algumas coisas que descobri em mim e nos outros que podem produzir sentimentos que levam à tristeza profunda. Faço isso na esperança de que você descubra o que está a impedindo de aproveitar o melhor da vida, a vida plena que Deus prometeu. No entanto, estou contando minha história, compartilhando o que fiz durante o período de depressão.

É provável que você já conheça a história de como o pequeno pastor Davi venceu o fantástico gigante Golias. Há, porém, tantos detalhes nesse relato que vale a pena relê-lo nos dias em que você está tentando se libertar da nuvem escura acima de sua cabeça que faz com que você se sinta abatida.

Quando Davi se apresenta para derrotar o gigante que ninguém havia derrotado, Saul o olha e coloca suas expectativas nele. O rei vê aquele pastor de ovelhas como um jovem incapaz de derrotar um gigante poderoso (VEJA 1 SAMUEL 17:33). Contudo, Davi tem grande fé baseada no que viu Deus fazer pessoalmente a ele, como vencer leões e ursos, por exemplo. A partir daí, Saul concorda em permitir que ele tente derrotar o gigante e, provavelmente com boas intenções, oferece sua armadura. Saul quer que Davi use seus recursos para lutar com um gigante que ele próprio não está enfrentando.

E eu descobri que a vida pode ser da mesma forma. Estamos vivendo com recursos e bagagens que funcionaram, ou não, para outras pessoas e esperamos usá-los para lutar com nossos próprios problemas, sejam quais forem. Essas expectativas podem vir daqueles que nos amam de verdade ou até de nós mesmas. Admiramos alguém que fez algo que queríamos fazer, e achamos que temos de fazer exatamente como essa pessoa fez, usando a mesma armadura e as mesmas ferramentas.

Porém, uma das maravilhas de termos sido criadas por Deus como pessoas únicas é que agimos de modo diferente, funcionamos de modo diferente. O que funciona para mim pode não funcionar para você. Permita desprender-se das expectativas de seguir um determinado caminho até a cura.

Livre-se da armadura de outra pessoa. Procure os caminhos que Deus traçou para você ter êxito, defina esse sucesso para você e vá atrás dele.

Minha confissão
Vou me desapegar das expectativas que os outros têm a meu respeito e seguir o caminho que for melhor para mim.

Fomos criadas de maneira única, portanto, devemos seguir um caminho único.

Progresso, não perfeição

Dedique um tempo nesta semana para pensar em algumas coisas que você está fazendo por ser aquilo que esperam de você. De quais você necessita desapegar?

Criador e Doador da vida, ajuda-me a enxergar que caminho devo seguir. Ajuda-me a me desprender de tudo o que não for para mim, reconhecendo que meu caminho pode ser completamente diferente do caminho dos outros. Dá-me força para me sentir bem com essa ideia. Amém.

Filipenses 4:8-9   34

TESTE DO PENSAMENTO

Finalmente, irmãos, tudo o que for verdadeiro, tudo o que for nobre, tudo o que for correto, tudo o que for puro, tudo o que for amável, tudo o que for de boa fama, se houver algo de excelente ou digno de louvor, pensem nessas coisas.

FILIPENSES 4:8

Como está seu pensamento? Sei que a depressão pode distorcer o que pensamos de nós mesmas e das situações em que vivemos (veja exagero, dia 4). Mas aprender a lidar com nossos pensamentos de forma saudável e produtiva é uma lição que dura a vida inteira. Há muitas passagens bíblicas que nos lembram no que devemos ou não focar. Nossa mente é semelhante ao leme de um navio: vai para onde for direcionada.

Quando estou deprimida, tenho de ser mais firme a respeito de qual deve ser o meu foco. A exortação de Paulo em Filipenses é sempre um versículo que contém qualidades morais. Ele diz que devemos pensar naquilo que é verdadeiro, nobre, correto, puro, amável, de boa fama, excelente ou digno de louvor. Talvez dê um pouco de trabalho, mas pensar sobre coisas, pessoas e eventos que se encaixam nessas descrições nos ajuda a atravessar o dia, principalmente nos períodos de tristeza profunda.

Descobri que Deus e Sua Palavra sempre se encaixam nessas descrições, e preciso pensar nos elementos específicos para reformular minha mente e seguir na direção certa. Tento me lembrar de algo específico que Ele fez por mim e que é digno de louvor; penso em algo muito amável e excelente que vejo em minha vida ou na vida de outras pessoas. Quando as nuvens chegam e o desespero ameaça tomar conta de mim, tento fazer o meu melhor para pensar na obra do Senhor em minha vida e, assim, seguir em frente.

É preciso ser intencional; é necessário praticar. Às vezes é preciso renovar cada vez mais meus pensamentos, minuto após minuto, para afastar o desespero da minha mente e focar em outra coisa. Encontre hoje um ponto focal que se enquadre no "teste do pensamento" de Filipenses 4. Anote-o e repita-o com frequência ao longo do dia.

Minha confissão
Sempre que for preciso, vou mudar meu pensamento para algo verdadeiro, nobre, correto, puro, amável, de boa fama, excelente ou digno de louvor.

Quando está deprimida, você tem de ser mais intencional no que vai focar.

Progresso, não perfeição
Escreva algo tangível para pensar a respeito de cada descrição de Filipenses 4:8: verdadeiro, nobre, correto, puro, amável, de boa fama, excelente e digno de louvor.

Amado Deus, concede-me sabedoria e força para focar em coisas que são verdadeiras, nobres, corretas, puras, amáveis, de boa fama, excelentes e dignas de louvor. Amém.

Salmo 56:1-9 — 35

UM BOM CHORO

Tu observas atentamente cada movimento meu nas noites de insônia. Cada lágrima foi registrada em teu livro, cada dor transcrita em teus registros.

SALMO 56:8 (MSG)

Uma das maneiras mais saudáveis que aprendi para lidar com minhas emoções é por meio de um bom choro. Chorar me ajuda a liberar parte da angústia e agitação que fervem dentro de mim. Embora não provoquem uma mudança tangível em minha situação, as lágrimas derramadas me mudam. Ao chorar, me lembro de que posso extravasar sentimentos e liberar minhas emoções em vez de permitir que infeccionem dentro de mim.

Ironicamente, às vezes me sinto melhor após um bom choro. Consigo focar mais e dar mais alguns passos para frente. As Escrituras também proporcionam consolo para as lágrimas. O Salmo 56 diz que Deus registra o lamento e recolhe as lágrimas do salmista; Ele as registra em Seu livro. Deus conhece intimamente cada lágrima, elas não passam despercebidas aos olhos de dele; não são derramadas em vão. O Pai vê nosso sofrimento e angústia e transcreve nossas lágrimas em seus registros.

Creio que essas lágrimas não são perdidas, elas podem ser usadas para produzir um poderoso testemunho que vai ajudar alguém um dia. Quando comecei a falar sobre minha depressão, recebi muitas mensagens particulares de pessoas que foram encorajadas por mim. Por quê? Elas sofreram sozinhas e em segredo durante muitos anos e, quando ouviram alguém que conheciam, e em quem confiavam, falar abertamente de suas próprias lutas, sentiram que eram enxergadas. Minha luta foi usada para ajudar outras pessoas. Minhas lágrimas, anos de angústia e inúmeras orações não passaram despercebidos e não foram inúteis.

Nem sempre gosto de chorar, mas às vezes chego ao meu limite e não consigo segurar as lágrimas. Quando minha mãe morreu, tive de me dar espaço para chorar. Estava tão acostumada a guardar meus sentimentos, terminar o serviço, voltar a trabalhar e deixar tudo pronto que não dei tempo ou espaço a mim mesma para extravasar o que estava sentindo. Foi preciso compartilhar isso com um terapeuta para perceber que meu comportamento era muito prejudicial e que eu estava prolongando minha angústia e até impedindo a cura. Eu precisava passar pelo luto e dar vazão às minhas lágrimas para ser curada.

Até Jesus chorou (VEJA JOÃO 11:35). Certamente podemos chorar também.

Minha confissão

Vou derramar lágrimas para liberar as emoções de modo saudável.

Deus recolhe e registra cada lágrima sua. Elas não são derramadas em vão.

Progresso, não perfeição

Conheço pessoas que choram na piscina ou no chuveiro, encontre você também um espaço e um lugar para derramar suas lágrimas.

Deus consolador, obrigada por veres cada lágrima que derramo. Sei que elas não são em vão e quero liberar minhas emoções. Confio que Tu as recolhes. Amém.

36 — 1 Timóteo 4:7-9

EXERCÍCIO FÍSICO

O exercício físico é de pouco proveito;
a piedade, porém, para tudo é proveitosa, porque
tem promessa da vida presente e da futura.

1 TIMÓTEO 4:8

Sei que quando ouvimos esse versículo, nós, pessoas cristãs, temos a tendência de focar no fato de que Paulo estava dizendo a Timóteo, seu jovem pupilo, que se concentrasse em praticar a piedade. Sim, o apóstolo queria que ele fosse um jovem disciplinado e seguisse os ensinamentos que aprendera, para pôr seu chamado em prática. É basicamente disso que as cartas de 1 e 2 Timóteo tratam.

Mas penso que também é importante investigar por que Paulo chega a mencionar o treinamento físico; ele certamente o valoriza. Evidentemente, ter disciplina na piedade é de extrema importância, mas nós somos seres inteiros. Quando o corpo físico se sente bem e saudável, temos mais capacidade de seguir o Espírito de Deus e nos disciplinar na piedade.

E acho que não necessito treinar para uma maratona a fim de colher os benefícios da atividade física. A endorfina, conhecida como hormônio da felicidade, entra em ação com apenas alguns exercícios rotineiros. Menciono a seguir um pouco do que aprendi sobre exercícios físicos, porque comecei e parei essas atividades por tempo suficiente para descobrir algumas coisas da maneira mais difícil:

- Escolha as atividades de sua preferência. Para mim é a dança, e zumba é a atividade ideal no meu caso.
- Escolha um lugar e um horário convenientes para você. Se não gosta de acordar cedo, fazer exercícios físicos às 5 horas da manhã provavelmente não vai se transformar em hábito. Seja criativa. Você tem condição de caminhar na hora do almoço? Que tal usar roupa mais confortável no trabalho para poder caminhar mais à vontade à tarde? O que você faz nos 30 minutos entre buscar as crianças na escola e realizar uma tarefa para seus pais? Eu dou três voltas a pé no prédio da creche antes de buscar minha filha e isso clareia minha mente para meu segundo turno de trabalho: cuidar dela. Se quer se movimentar mais, vai ter de ser proativa para descobrir tempo e lugar para fazer isso.
- Você tem uma amiga para acompanhá-la? Quando caminha com alguém, você marca dois pontos em favor do bem-estar: socializar e exercitar-se.
- Não desista. Você faltou à aula de exercícios aeróbicos hoje? Há outra amanhã? Tome a decisão de ir.

Nunca me senti pior depois de movimentar o corpo. É um bom investimento para a saúde física e mental.

Minha confissão
Vou me exercitar porque isso é importante para minha saúde.

O treinamento físico é importante. Esforce-se um pouco para receber grandes benefícios.

Progresso, não perfeição
Planeje se exercitar hoje. Anote o que vai fazer, o horário e por quanto tempo. Então, ponha o plano em ação.

Deus de todos nós, sei que o treinamento físico é importante. Desejo movimentar meu corpo para que todo o meu ser se sinta melhor. Dá-me força e disciplina para isso. Amém.

3 João 1:2-4 | 37

MAIS SOBRE EXERCÍCIO FÍSICO

Amado, oro para que você tenha boa saúde e tudo corra bem, assim como vai bem a sua alma.

3 JOÃO 1:2

Movimentar o corpo é muito importante não apenas para o bem-estar físico, mas também para o bem-estar mental. Portanto, estou acrescentando outra reflexão sobre o que aprendi, principalmente nos dias em que não me movimento: Você não precisa querer para ser capaz de se exercitar.

Quase sempre uso algum artifício para me exercitar: digo a mim mesma que será uma caminhada rápida de 20 minutos ao redor do quarteirão, já que sair de casa é muito prazeroso na maioria das vezes, ou ponho uma música para tocar e finjo ser a maior dançarina do mundo. E toda essa tecnologia moderna torna muito mais fácil encontrar o exercício físico ideal para você. Digite o que procura em seu site de pesquisa favorito: caminhada de dez minutos, treino da parte superior do corpo para iniciantes, festa dançante com música da década de 1980. Acredite em mim, minha amiga, você vai encontrar alguma coisa especial para você.

Minha prima me disse certa vez que devo fazer exercícios físicos no mesmo horário todos os dias. É um sinal para seu cérebro de que está na hora, e você não vai ficar adiando se tiver programado um horário. Também li que é útil visualizar a nós mesmas nos exercitando. Imagine-se correndo, dançando, andando de bicicleta a fim de deixar sua mente pronta para movimentar o corpo.

Dê a si mesma uma recompensa, que não seja alimento, quando conseguir completar um número previamente determinado de exercícios. Assista a um programa favorito na televisão enquanto pedala ou como prêmio por ter se exercitado durante 20 minutos, ou leia o artigo que você marcou para leitura posterior. Considere ligar para uma amiga para conversar enquanto caminha ao redor do quarteirão.

E não é necessário dizer que sua *playlist* também é muito importante. Inclua algumas seleções antigas em ritmo acelerado para recordar os tempos quando realmente gostava de música. Ouvir meu audiolivro favorito me faz amarrar os tênis e caminhar, mesmo quando estou sem nenhuma vontade. Lembre-se de que você pode usar um fone de ouvido, mas sempre fique atenta ao que se passa ao seu redor.

Minha confissão
Vou cuidar de meu físico por meio de exercícios, mesmo quando não sentir vontade.

Concentre-se em sua saúde, que deve estar acima de sua vontade quando se trata de fazer exercícios.

Progresso, não perfeição

Pense em sua recompensa favorita, que será recebida após o exercício, e movimente-se.

Deus santo, concede-me o que necessito para começar a exercitar meu corpo físico. Sei que os exercícios estão ligados ao meu bem-estar mental e desejo ter uma vida plena e saudável. Amém.

38 | 1 Coríntios 10:11-13

LUTANDO COM A TENTAÇÃO

Não sobreveio a vocês tentação que não fosse comum aos homens. E Deus é fiel; ele não permitirá que vocês sejam tentados além do que podem suportar. Mas, quando forem tentados, ele mesmo providenciará um escape, para que o possam suportar.

1 CORÍNTIOS 10:13

Na noite anterior à sua morte, minha avó fez o que sempre fazia todos os sábados: separou e organizou as roupas que vestiria para ir à igreja na manhã seguinte. Quando meu avô, em companhia de minha mãe e da irmã dela, voltaram do hospital onde minha avó havia sido declarada morta, encontraram suas meias de náilon, vestido e roupas íntimas estendidos no sofá da casa onde vivia. Conversamos sobre essa demonstração de determinação que durou muitos anos.

Veja bem, isso era exatamente o que vovó Olivia fazia na noite anterior ao domingo, dia de ir à igreja. Sua mente estava focada e determinada a se levantar e se aprontar para o culto matutino, portanto, na noite anterior, ela sempre separava e deixava em ordem as roupas que usaria. Eu amo essa lembrança, pois é um excelente lembrete de que, se deixarmos tudo pronto na véspera, nossa mente estará preparada para o dia seguinte. Outra amiga costuma separar as roupas da academia à noite, antes de dormir, e até coloca as meias dentro dos tênis. Isso facilita sua ida à academia bem cedo no dia seguinte. Ela não precisa procurar as meias de manhã; está pronta para sair.

Às vezes, quando enfrentamos a tristeza profunda, temos de adotar a atitude da minha avó e da minha querida amiga. Temos de fazer o que precisa ser feito para nos aproximar mais de nossas metas. Não é fácil se levantar da cama e sair de casa, mas sabendo quais roupas vamos usar, eliminamos outra decisão que precisa ser tomada quando não temos vontade de ir. Preparar o alimento com antecedência pode nos ajudar a comer alimentos saudáveis quando estamos realmente com fome. Até porque, se você já tentou tomar a decisão de comer alimentos saudáveis quando está com fome, sabe que é muito mais difícil; a tentação está à espreita e vai pegar você.

Se concordarmos em aceitar a carona de uma amiga, ou melhor ainda: dar carona a alguém, para comparecer a um evento social, a decisão de ir provavelmente será mais fácil, embora o isolamento esteja armando suas artimanhas sedutoras para nos fazer ficar em casa. Às vezes é preciso enganar o corpo para que a mente o acompanhe. É para o seu bem, é mais um passo para seu bem-estar, quer você concorde ou não.

Minha confissão
Vou lutar com a tentação, preparando-me para o que deve ser feito, mesmo que seja necessário me ludibriar para que isso aconteça.

Às vezes você precisa enganar a si mesma para aproximar-se mais de sua meta.

Progresso, não perfeição

O que você gostaria de fazer hoje para se sentir bem? Que estratégias especiais devem ser usadas por você para essa finalidade?

Deus santo, obrigada por me lembrares que sempre tens um escape para mim quando sou tentada. Sei que há maneiras de conseguir suportar. Amém.

Gálatas 5:22-25 — 39

ESCOLHA A AMABILIDADE

Mas o fruto do Espírito é amor, alegria, paz, paciência, amabilidade, bondade, fidelidade, mansidão e domínio próprio. Contra essas coisas não há lei.
GÁLATAS 5:22-23

Durante uma daquelas raras ocasiões que decidi ser vulnerável e permitir que uma amiga soubesse que eu estava enfrentando problemas, eu me sentia desligada da realidade e sobrecarregada, e ela disse algumas palavras que ficaram gravadas em minha mente até hoje: "Seja amável com você mesma". Graças a Deus pelas amigas que têm uma palavra oportuna, pois ela me deu permissão para fazer exatamente o que a Palavra diz: ser amável.

A amabilidade é um subproduto de andar no Espírito de Deus. Sou amável quando me apoio no Espírito Santo. A amabilidade tempera minhas palavras e ações com amor e carinho. E essa mesma amabilidade que uso com os outros precisa ser revertida e usada em meu benefício, principalmente quando não estou em meu melhor momento. Necessito de um carinho especial nas horas em que estou abatida e enfrento problemas, mas muitas vezes sou severa demais comigo mesma e tento me forçar a me "recompor".

Por que não posso tratar melhor a mim mesma quando é necessário? Faço isso quando estou gripada. Tomo a liberdade de dar um cochilo, deixo a garrafa d´água por perto e preparo sopa e chá quentes para mim, na tentativa de cuidar do meu corpo enquanto ele luta contra um vírus.

Trate-se com amabilidade quando não estiver em sua melhor fase emocional. Evidentemente, talvez seja necessário buscar ajuda se os sintomas continuarem por mais de algumas semanas ou interferirem em seus afazeres diários. Mas, durante alguns dias, dê a si mesma uma ordem delicada para se tranquilizar, descansar e dizer palavras de amor e carinho para você em vez de se forçar a fazer algumas coisas.

Trate-se como trataria uma pessoa querida, afinal, você é amada.

Minha confissão
Vou ser amável comigo hoje.

Se você consegue ser amável consigo mesma quando estiver gripada, consegue aceitar também a amabilidade dos outros quando não estiver bem emocionalmente.

Progresso, não perfeição
Elabore uma lista com coisas que você pode fazer para ser amável consigo mesma. E lembre-se de fazer algumas dessas coisas em favor de seu espírito.

Deus amado, mostra-me como ser amável comigo mesma e como cuidar de meu espírito. Ajuda-me a me amar como amo as outras pessoas, lembrando-me de Teu amor incondicional no decorrer deste dia. Obrigada. Amém.

Tiago 1:4-6 — 40

VOCÊ FAZ TUDO MELHOR QUANDO SE SENTE MELHOR

Se algum de vocês tem falta de sabedoria, peça-a a Deus, que a todos dá livremente, de boa vontade; e lhe será concedida.

TIAGO 1:5

Este lema me acompanhou durante muitos dias de tristeza profunda: Quando você se sentir melhor, faça o melhor; e quando não se sentir melhor, livre-se da pressão e acalme-se.

Você sabe que há alguns períodos nesta vida quando podemos fazer mais. Por exemplo, você tem energia e quer arrumar os armários, pode escolher um passatempo e se dedicar a ele, pode querer sair de casa, tentar uma nova receita, e há ainda as pessoas solteiras que podem se sentir dispostas a marcar um encontro e, para isso, criam um perfil em algum site de namoro. Há períodos, porém, em que só pensar em uma dessas coisas nos faz entrar em parafuso.

Quando eu estava bem no meio da depressão, em uma condição nebulosa e entorpecida, sair da cama para pegar um ônibus até o centro da cidade, que ficava a apenas alguns quilômetros da minha casa, era difícil demais. Se conseguisse trabalhar, considerava aquele dia um sucesso. Se entregasse meu trabalho dentro do prazo, dizia que o dia foi espetacular.

Felizmente, eu trabalhava em um ambiente com prazos flexíveis e, para ser bem sincera, meu trabalho anterior havia provado que eu cumpria os prazos e era eficiente, portanto, meus chefes não se preocupavam, pois conheciam minha habilidade de entregar os trabalhos dentro do prazo.

É aqui que a síndrome do superfuncionário compensa; as pessoas conhecem sua capacidade e, se você fizer o mínimo de trabalho possível, pode "fingir" um pouco e ainda assim parecer que está produzindo alguma coisa. Evidentemente, ela tem um lado negativo; você tem de exigir menos de si mesma e isso pode ser difícil, preocupante, e nosso maior obstáculo. Ao fazer uma retrospectiva, sei que nem sempre apresentei o meu melhor durante aqueles anos. Pode ser que eu não tenha tido muitas ideias novas e apenas tenha terminado as tarefas necessárias, mas quer saber? Isso foi muito bom para aquela fase de minha vida.

Quando não se sentir bem, exija menos de si mesma. Descubra o que precisa ser feito e faça. As outras coisas, como arrumar o armário, estarão no mesmo lugar quando você se sentir melhor. E acredite em mim: fazê-las não será tão penoso quando sua saúde melhorar. Por exemplo, neste instante, estou gostando de ler e tentando pôr em prática as sugestões de organização do lar que encontrei na internet.

Dedique um momento para ser mais complacente com você. Isso vai ajudá-la a melhorar com mais rapidez.

Minha confissão
Vou ser mais complacente comigo hoje.

Exija menos de você, até se sentir melhor.

Progresso, não perfeição
Pratique ser mais complacente consigo mesma. Procure uma tarefa ou uma situação na qual pode exigir menos de você e ponha em prática.

Meu Senhor, sei que conheces tudo sobre mim. Mostra-me o que tem de ser feito hoje e o que posso deixar para outra hora. Ajuda-me a abandonar a culpa e a vergonha e cuidar de mim. Amém.

41 Romanos 8:1-4

NÃO SE ENVERGONHE

*Portanto, agora já não há condenação
para os que estão em Cristo Jesus, porque por meio
de Cristo Jesus a lei do Espírito de vida
me libertou da lei do pecado e da morte.*

ROMANOS 8:1-2

Você sabia que 5 de maio é o Dia Nacional do Silêncio e da Vergonha?* Parece haver um dia para tudo, mas não posso deixar de falar sobre esse. Ele foi estabelecido para aumentar a conscientização sobre a necessidade do bem-estar mental, desde assistência médica disponível e acessível para problemas de saúde mental até educação e meios de recuperação. O interessante é que os idealizadores do dia escolheram o lema "silencie a vergonha".

Não sei bem o porquê, mas há muita vergonha em torno da questão da saúde mental. Temos a tendência de pensar menos na saúde mental e naqueles que lutam para mantê-la, provavelmente todos, de uma forma ou outra. Por algum motivo, achamos que o estado mental é diferente das outras partes do corpo, mas não é; tudo está conectado. Quando o

---

* N.T.: nos Estados Unidos.

corpo adoece, quase sempre o estado mental sofre. Ei, eu já estive em um leito de hospital por causa de uma doença física e me senti muito triste e sem esperança. O dia em que recebi alta e voltei a dormir na minha cama fez grande diferença.

A depressão pós-parto também é real e está relacionada aos hormônios no corpo após o nascimento do bebê. Algumas pessoas têm problemas com desequilíbrio hormonal em diferentes fases da vida, como as mulheres na menopausa. A depressão é um dos efeitos colaterais produzido por alguns medicamentos, e sabemos que as pessoas se sentem mais deprimidas após uma cirurgia.

Ainda assim, muitas de nós sofremos envergonhadas e em silêncio quando estamos deprimidas, sentimos ansiedade, ataques de pânico ou tristeza profunda. A Bíblia, porém, tem uma palavra sobre vergonha: devemos renunciar a ela e viver na liberdade de conhecer Cristo. Ele nos libertou da vergonha e, quando ela se infiltrar de novo, precisamos lembrar o que Deus fez e viver nessa realidade.

Acho que eles estão certos a respeito do dia 5 de maio: precisamos silenciar a vergonha. Mas precisamos ir além e expulsá-la da nossa vida. Não há nenhuma vergonha nesse jogo, a saúde mental deve ser prioridade em nossa vida e na vida de todos os seres humanos. Não fomos nós os responsáveis por esse sofrimento e não precisamos sofrer envergonhadas e em silêncio. Quanto mais nos pronunciarmos, mais coragem teremos para buscar ajuda e equilíbrio, e logo o 5 de maio será apenas um dia com um lema apelativo.

Minha confissão
Não vou sentir vergonha por sofrer de doença mental.

O Dia Nacional do Silêncio e da Vergonha foi criado para aumentar a conscientização sobre a necessidade do bem-estar mental.

Progresso, não perfeição
O que você vai fazer hoje para silenciar a vergonha?

Deus Todo-poderoso, sei que não há nenhuma condenação ou vergonha em ti. Sou grata porque me libertaste do pecado e da vergonha por intermédio de Cristo. Ajuda-me a abandonar qualquer vergonha que eu sinta em relação à saúde mental enquanto procuro ser curada. Amém.

João 8:12-18

UM POUCO DE LUZ

Falando novamente ao povo, Jesus disse: "Eu sou a luz do mundo. Quem me segue, nunca andará em trevas, mas terá a luz da vida".

JOÃO 8:12

Um dos gestos de maior carinho que uma amiga fez por mim em meio a uma de minhas lutas com a depressão foi presentear-me com uma caixa de luz terapêutica. Era com essa amiga que eu compartilhava meus problemas e ela também havia atravessado períodos de tristeza, principalmente durante nossos invernos nublados e cinzentos em Chicago. Minha amiga encontrou caixas de luz terapêutica e comprou uma para mim e outra para ela.

Embora eu não esteja aqui para prescrever nenhum tratamento específico, posso contar como a caixa de luz funcionou para mim, além de muitas outras terapias que colaboraram para o meu bem-estar geral. Coloquei a lâmpada em cima de minha escrivaninha e a acendia todos os dias por pouco tempo. Enquanto trabalhava, a luz iluminava meu espaço de um jeito especial para me expor a uma luminosidade maior. Dizem que a terapia de luz melhora muito o humor das pessoas se for feita regularmente.

Ao pensar no modo como essa terapia funciona, não posso deixar de lembrar a descrição que Jesus fez de si próprio como a luz do mundo e o possível motivo que o fez escolher essa metáfora. Foi por que a luz afasta as trevas? Por que ela ilumina o caminho? Ou por que a luz anima o espírito quando ele está mergulhado na escuridão?

Na tentativa de ser prática e, ao mesmo tempo, manter a espiritualidade no tratamento contra a depressão, penso em Jesus como a luz do mundo todas as vezes que uso minha caixa de luz. Uso-a às vezes para manter o bem-estar, pois quero me adiantar ao que sei que está por vir.

Meu espírito também se anima quando penso em quem Jesus é. Ele é o farol; Ele melhora o humor; Ele ilumina as trevas. Pensar na terapia da luz também me faz lembrar da Luz do mundo e o que Ele significa para mim.

Minha confissão
Hoje vou buscar luz para meu espírito e meu corpo.

A terapia da luz procura nos aproximar mais da luz nos dias escuros.

Progresso, não perfeição
Busque informações sobre a terapia da luz e sobre como pode ajudá-la nos dias nebulosos.

Luz do mundo, obrigada por iluminares meu caminho. Quando meus dias estiverem escuros demais, lembra-me do que a Tua luz representa e por que és a luz do mundo. Amém.

Romanos 8:14-17 — 43

VIDA DE AVENTURA?

A vida da ressurreição que vocês receberam de Deus não é vazia. Nela há uma constante expectativa de aventura, que sempre pergunta para Deus: "E agora Pai, o que vamos fazer?", como as crianças fazem. O Espírito de Deus entra em contato com nosso espírito e confirma nossa identidade. Sabemos quem ele é, e sabemos quem somos: Pai e filhos. Sabemos também que vamos receber o que está por vir — uma herança inacreditável! Iremos passar pelo que Cristo passou. Se enfrentamos momentos difíceis com ele, então é certo que com ele passaremos momentos inesquecíveis!

ROMANOS 8:15-17 (MSG)

Talvez eu seja uma das primeiras a admitir que a vida é terrivelmente rotineira. Acordar, orar (assim espero), preparar uma xícara de café, tomar banho, vestir-se, ir para a escola ou para o trabalho, voltar para casa, jantar, dormir e repetir tudo. Isso todos os dias, exceto nos fins de semana, quando mudamos alguns itens dessa programação. Para mim, a rotina e o tédio da vida produziram alguns dias sombrios, dias difíceis de sair da cama e agir. Depois de um tempo prolongado, isso causa uma depressão ainda mais grave.

No entanto, entender a vida como uma aventura com Deus me ajuda quando faço as mesmas coisas todos os dias ou penso que a existência é rotineira e monótona. Gosto muito da maneira como a versão bíblica *A Mensagem* descreve nossa relação com Deus em um de meus capítulos favoritos de todos os tempos: Romanos 8. Recomendo que você leia o capítulo inteiro; talvez seja uma leitura difícil, mas é repleta de descrições incríveis e maravilhosas do que Cristo fez por nós.

Essa versão bíblica descreve a vida da ressurreição, que temos depois de crer em Cristo, como uma aventura. Não estamos sentadas aguardando sermos transportadas para o Céu nem querendo saber quando vamos morrer para viver eternamente com o Senhor. Não, é uma vida de expectativa na qual nos relacionamos com o nosso Pai como se fôssemos crianças. Nós perguntamos: "E agora, o que vamos fazer?", sabendo que Ele está conosco, nos conduzindo pelo caminho.

Embora essas aventuras não sejam iguais às de uma montanha-russa em um parque de diversões, a versão *A Mensagem* deixa claro que essa vida da ressurreição vai ser divertida e empolgante. E quer saber? Quando a vemos como uma jornada com Deus, podemos mesmo considerá-la uma aventura. Vamos encontrar problemas e dificuldades, mas também poderemos usar nossa fé para saber que mensagem Ele está nos enviando, mesmo no turbilhão da vida.

Reconhecemos que não estamos sozinhas nesta caminhada, mas sentadas com o nosso Pai. Ele está sentado ao nosso lado, nos acompanhando nos dias bons e maus. Portanto, se hoje você sentir que a vida está rotineira e maçante, pense neste dia como uma aventura na montanha-russa com Deus. E agora? O que você vai aprender? O que vai ver e experimentar? Talvez seja o suficiente para que se entusiasme de novo com a vida.

Minha confissão

Vou pensar no hoje como uma aventura com Deus, procurando ver o que vem a seguir e sabendo que Ele está bem do meu lado.

A vida é uma aventura repleta de altos e baixos.

Progresso, não perfeição

Viva este dia como se estivesse em uma montanha-russa com Deus. O que você vê? O que está experimentando? Como se sente? Diga isso a Ele.

Pai misericordioso, conduz-me e guia-me nesta jornada da vida. Sou muito grata porque estás aqui ao meu lado e vais me ajudar em tudo o que eu tiver de enfrentar neste dia. Amém.

44 Hebreus 12:1-11

NOSSO TESTEMUNHO

Portanto, também nós, uma vez que estamos rodeados por tão grande nuvem de testemunhas, livremo-nos de tudo o que nos atrapalha e do pecado que nos envolve e corramos com perseverança a corrida que nos é proposta, tendo os olhos fitos em Jesus, autor e consumador da nossa fé. Ele, pela alegria que lhe fora proposta, suportou a cruz, desprezando a vergonha, e assentou-se à direita do trono de Deus.

HEBREUS 12:1-2

Às vezes, quando estou participando de um culto em minha igreja, olho ao redor e sorrio ao ver a congregação louvando a Deus. De vez em quando observo de propósito as pessoas levantando as mãos, erguendo suas vozes ou sentadas em silêncio com ar de reverência no rosto. Penso naquelas que conheço e em alguns pedidos de oração e testemunhos que compartilharam comigo ou com toda a congregação.

Penso na mulher por quem oramos quando o filho dela nasceu com graves problemas de saúde. Vejo o homem que perdeu a esposa em uma tragédia. Olho para aquela que enfrentou várias sessões de quimioterapia e até para aquele que admitiu estar lutando contra a depressão, e os acompanho no louvor a Deus.

Ao ver essas pessoas adorando ao Senhor, lembro-me de que elas superaram suas dificuldades. A vida não tem sido fácil para elas, ou, emprestando as palavras de Langston Hughes*: a vida não tem sido uma "escada de cristal", e conheço um pouco da história delas. Porém, vê-las louvando com alegria me lembra de que também posso ser vencedora. Deus não tem favoritos e o que Ele fez por essas pessoas, certamente pode fazer por mim.

Penso nas lutas da minha família e de meus antepassados. A vida não foi um mar de rosas. Foi difícil, repleta de desafios internos e externos. No entanto, aqui estou, nascida de duas pessoas imperfeitas e que tiveram muitos problemas.

Não sei como minha história será daqui em diante, como minha doença será curada, mas posso olhar ao redor e encontrar esperança nas histórias de outras pessoas. Com certeza elas me dão perspectiva. Posso ser vencedora por meio do testemunho delas. Posso encontrar a coragem necessária para buscar cura ao me lembrar de suas histórias vitoriosas.

Se já faz um tempo que você não lê o capítulo 11 de Hebreus, considere a ideia de lê-lo e pense em cada obstáculo que os heróis da fé superaram. De que modo essas histórias poderão inspirá-la a seguir em frente e continuar esperando em Cristo?

Minha confissão

Quando olho para minha nuvem de testemunhas, percebo que também posso ser vitoriosa.

Muitas pessoas foram vitoriosas com a ajuda de Deus.

---

* N.T.: poeta e dramaturgo americano, 1901–1967.

Progresso, não perfeição

Converse com uma pessoa que lutou com a depressão. Pergunte o que a ajudou a ser vencedora e a seguir em frente.

Deus de meus antepassados, lembra-me de tudo o que fizeste para ajudar outras pessoas a superarem as dificuldades e ajuda-me a encontrar força nessas histórias e testemunhos à medida que continuo a seguir em frente. Amém.

Salmo 121

45

LEVANTANDO OS OLHOS

*Levanto os meus olhos para os montes
e pergunto: De onde me vem o socorro? O meu socorro
vem do SENHOR, que fez os céus e a terra.*

SALMO 121:1-2

O nde está seu foco? A depressão pode fazê-la pensar somente em seus problemas, que não há esperança, que nada vai melhorar ou mudar e que você sempre vai se sentir como está se sentindo neste momento. Mas quando você consegue focar além da sua condição e sentimentos atuais, pode ser que consiga ver um pouco além.

Os versículos de hoje nos lembram de olhar para cima em busca de ajuda. Embora seja tentador olhar para dentro de nós e focar em nossas emoções e sentimentos, e isso tem a sua hora, também é importante olhar para fora e para o alto, concentrando nosso olhar em quem Deus é e no que Ele é capaz de fazer. Concentrar o olhar na criação divina serve para nos lembrar de quem o Criador é. E certamente necessitamos desse lembrete nos dias sombrios.

Houve uma fase em minha vida na qual eu acordava com a gravação de Hezekiah Walker* e a letra da música Jesus is my

---

* N.T.: pastor americano e compositor de músicas cristãs, nascido em 1962.

help (Jesus é meu socorro). A letra dessa canção ecoava em minha casa todas as manhãs e guiava meu dia.

Nem sempre eu sentia que Jesus era meu socorro, porque acordava frequentemente com a sensação de entorpecimento, de não querer sair da cama. Mas aquelas palavras me lembravam de mudar o foco e recorrer a Deus em busca de socorro: para sair da cama, para fazer o que precisava ser feito naquele dia e para seguir em frente.

Jesus é o nosso socorro, por isso, olhe para Ele e para o socorro que o Senhor pode lhe dar. Cante como no hino que eu ouvia: "Vou lhe dizer de onde vem o meu socorro: ele vem do Senhor"!

Minha confissão

Jesus é o meu socorro. Vou levantar a cabeça, mudar meu foco e buscar o socorro de Deus.

Seu socorro está presente. Procure-o.

Progresso, não perfeição

Ouça a música de Hezekiah Walker, Jesus is my help (Jesus é o meu socorro)*, e inicie o dia esperando que Deus a ajude.

Senhor, levanto meus olhos em direção aos Céus, sabendo que és meu socorro. Dá-me o que necessito para ver todas as maneiras pelas quais me enviarás socorro neste dia. Amém.

---

* N.E.: também indicamos o hino 121 do Hinário 5: O meu socorro vem do Senhor.

João 5:1-9   46

MELHORANDO

(PARTE 1)

Ali costumava ficar grande número de pessoas doentes e inválidas: cegos, mancos e paralíticos [...] Um dos que estavam ali era paralítico fazia trinta e oito anos. Quando o viu deitado e soube que ele vivia naquele estado durante tanto tempo, Jesus lhe perguntou: "Você quer ser curado?"

JOÃO 5:3,5-6

A história do homem à beira do tanque tem me abençoado e, ao mesmo tempo, intrigado em diferentes segmentos da minha jornada. Para começar, a pergunta de Jesus ao paralítico é chocante: ele pergunta a alguém que não consegue se movimentar se ele quer ser curado. Não sabemos exatamente qual era a condição daquele homem, mas o texto deixa claro que ele precisava de ajuda para entrar no tanque onde poderia ser curado; ele não podia fazer isso sozinho, assim imaginava. Então por que Jesus começa perguntando se ele queria ser curado?

Fazia 38 anos, uma vida inteira, que aquele pobre homem não conseguia andar. Durante décadas, ele via os outros andando de um lado para o outro e vivendo da maneira que provavelmente ele desejava viver. O homem estava à beira do campo enquanto o jogo da vida continuava; somente ele não podia jogá-lo. Sem poder se movimentar, ele observava o resto do mundo seguindo em frente com a vida.

A depressão não é assim também? Você vive em seu corpo, sentindo-se presa e, às vezes, paralisada, enquanto o mundo continua a viver como sempre. As pessoas ao seu redor parecem normais e agem com normalidade, vivendo e desfrutando de suas atividades.

Às vezes, a pergunta que Jesus fez ao homem me faz pensar em questionamentos que as pessoas fazem àqueles que sofrem de depressão ou de outro tipo de transtorno. Mas, ao mesmo tempo, leio a pergunta e a considero importante. Frequentemente, quando ficamos presas e paralisadas por muito tempo, passamos a pensar que não existe alternativa: *É isso aí, a minha vez de entrar no tanque nunca vai chegar. Estou presa aqui. Esta é a minha realidade. Vou fazer o melhor que puder para viver nesta condição enquanto os outros aproveitam a vida.*

Mas Jesus, que se importa com o inválido a ponto de notar sua presença e parar, faz a pergunta mais importante de todas: Ele quer saber se o homem deseja ser curado. Outras versões dizem que o Mestre perguntou se ele queria ficar bom, se queria ficar são ou se queria sarar.

Seguindo o exemplo da compaixão e do carinho de Cristo, também quero fazer essa pergunta a você. Sem julgamentos, eu sei como é se sentir presa, sei que não é tão fácil nem tão simples como "sair dessa"; mas também sei que algumas medidas devem ser tomadas para dar início à cura e, geralmente, a primeira é visualizar algo diferente, que nos faça movimentar, que nos empurre e proporcione a ajuda de que necessitamos.

Portanto, quando começar a buscar cura, pergunte a si mesma: O que significa ficar sã, ficar curada? Para você, como seria ficar sã e curada por inteiro? Comece com essa visão.

Minha confissão
Eu realmente quero ser curada.

Com compaixão e carinho, Jesus olhou para o homem e perguntou se ele queria ser curado. Faça essa pergunta a si mesma com a mesma compaixão e carinho do Mestre.

Progresso, não perfeição
Escreva em um diário o que significa para você ser totalmente curada. Como seria? O que você conseguiria fazer?

Senhor compassivo, quero ser totalmente curada. Mostra-me os passos que devo dar rumo à cura. Em Teu nome, amém.

47 João 5:1-9

MELHORANDO

(PARTE 2)

Disse o paralítico: "Senhor, não tenho ninguém
que me ajude a entrar no tanque quando a água é agitada.
Enquanto estou tentando entrar, outro chega antes
de mim". Então Jesus lhe disse: "Levante-se! Pegue
a sua maca e ande". Imediatamente o homem ficou curado,
pegou a maca e começou a andar.

JOÃO 5:7-9

Enquanto visualiza a cura e a volta à normalidade — ou seja, ao modo como você define o que é "estar bem" —, vamos continuar a jornada com o homem que vivia paralisado, ou preso na mesma posição, há 38 anos. A cura parece ter sido imediata, logo após Jesus perguntar se ele queria ser curado. Pastores insensíveis gritam do púlpito que tudo o que aquele homem devia fazer era pegar sua maca e andar; e as pessoas que amamos, porém mais insensíveis ainda, também gritam essas palavras para nós às vezes.

Muitos não entendem a depressão e o impacto paralisante que ela causa nas pessoas. "Levante-se daí"; "Saia dessa"; "Levante-se e troque de roupa". Sim, eu já ouvi isso, como se o fato de trocar de roupa resolvesse todos os meus problemas!

Há, porém, uma lição que aprendi nos sermões sobre o homem à beira do tanque: ele realmente não conseguia se movimentar e tinha ensaiado algumas desculpas para não entrar lá. Repito: não estou julgando; eu o entendo. Ele havia tentado entrar no tanque, mas, aparentemente, sempre que reunia todas as forças que podia, outra pessoa chegava antes dele. Imagino que ele parou de tentar porque se sentia derrotado. Ele nunca conseguia entrar no tanque antes de outra pessoa.

A busca pela cura faz-nos sentir terrivelmente derrotadas. Já até decorei minhas desculpas: É difícil. Tenho muita coisa para fazer e não posso ir à sessão de terapia. Como vou pagar o terapeuta? Onde encontrar um profissional competente? Não posso fazer exercícios porque mal consigo sair da cama. Não tenho vontade de cozinhar alimentos saudáveis para cuidar melhor de mim. Não quero consultar outro médico.

Sinta-se à vontade para incluir aqui as desculpas que você usa para fugir do processo de cura.

Contudo, desta vez houve algo diferente na vida daquele homem: Ele estava falando com Jesus, e o Mestre estava falando com ele sobre sua condição. Isso não significa que a dificuldade de se levantar desapareceu; ele continuava inválido, com medo e se sentindo derrotado em razão da tentativa fracassada do dia anterior. Significava que ele estava falando com alguém que podia fazer algo a respeito de sua condição, desde que estivesse disposto a se levantar e dar o primeiro passo.

Se falarmos com Jesus a respeito de nossas desculpas sendo específicas, autênticas e sinceras, poderemos encontrar soluções, força sobrenatural e cura. Você está disposta a dar o primeiro passo e continuar avançando em direção à cura?

Minha confissão
Quero apresentar minhas desculpas a Jesus hoje.

Fale com Jesus a respeito de sua condição e permita que Ele fale com você a respeito de sua condição.

Progresso, não perfeição
Elabore uma lista com todos os motivos que você cria para não buscar a cura e voltar à sua normalidade. Seja sincera e autêntica e apresente seus motivos ao Senhor em oração. Esteja disposta a ouvir quais são os meios para contornar seus obstáculos.

Amado Deus, fale comigo a respeito da minha condição. Quero ser curada; mostra-me como. Diz-me a quem devo recorrer para buscar ajuda. Fortalece-me quando me sinto exausta e derrotada. Quero ficar bem. Amém.

Habacuque 2:2-3 | 48

MELHORANDO

(PARTE 3)

Então o Senhor me respondeu: "Escreva claramente a visão em tábuas, para que se leia facilmente".

HABACUQUE 2:2

Durante o processo rumo à cura, creio ser importante entender o que queremos, qual a ideia que temos da cura total para nós. Jesus perguntou ao inválido se ele queria ser curado e o homem respondeu apresentando os motivos que o impediam de entrar no tanque. A pergunta foi outra.

Talvez, se ele tivesse escrito em um papel o seu desejo de ser curado, teria respondido melhor à pergunta de Jesus. Se tivesse focado no que realmente queria e não nos obstáculos, poderia ter respondido com um ressonante "sim". Felizmente, Jesus tinha um plano para aquele homem; então o pôs em prática, curando-o.

O que podemos fazer para entender melhor o que é cura? Às vezes, quando estamos abatidas e nos sentindo incapazes por muito tempo, nos esquecemos de como é a cura total. Talvez você não saiba como é se sentir bem no corpo, na mente e na alma.

Quando deu uma visão a Habacuque sobre Israel, Seu povo amado, Deus instruiu o profeta a escrever o que Ele lhe havia revelado. Além de relatar por escrito a restauração do povo de Deus, Habacuque tinha de deixar tudo bem claro. Por quê? Para que até um corredor, alguém que passasse rapidamente pelo local, conseguisse ler o que estava escrito. Até um mensageiro que passasse correndo por ali saberia qual era a visão. Tudo muito claro. Tudo certo. Tudo espantoso.

Seu objetivo é claro? O que você realmente deseja? O que vai curá-la por inteiro e como você vai reagir? Durante muitos anos orei ao Senhor para que fosse totalmente curada. Cheguei até a ler o livro de Stormie Omartian, *Lord, I want to be whole* (Senhor, quero ser completa), e ainda me lembro de que, durante um trajeto de ônibus até o trabalho, um homem viu o título e comentou que essa era a oração dele também.

No meu caso, tive de procurar bem no fundo de minha memória as ocasiões em que me senti saudável e curada. Fisicamente, eu podia ver fotografias minhas com um grande sorriso; até meus olhos sorriam. Com a pele bronzeada irradiando vida e os cabelos brilhantes, eu me sentia feliz. É claro que eu tinha preocupações e problemas, mas não transpareciam em meu rosto. Havia entregado tudo a Deus e caminhava em paz, aguardando o que o futuro me reservava.

Essa era uma parte do que eu via como uma pessoa curada. Passava alguns dias bem; passava anos me sentindo mal. Mas quando escrevo qual é a minha ideia sobre cura total, me concentro mais no objetivo. Dou preferência à fruta, não ao doce, porque sei o que me faz sentir melhor; posso até me forçar a abandonar o sedentarismo e orar, porque sei o que um bom exercício físico e uma oração poderosa são capazes de fazer.

Minha confissão

Vou escrever qual é a sensação de estar totalmente curada.

Escreva a visão de modo bem claro. Saiba o que deseja e qual é seu objetivo.

Progresso, não perfeição

Procure uma foto sua tirada durante um período em que você se sentia bem, ou melhor, do que se sente agora. Use-a para escrever o que significa para você a sensação de estar bem e deixe se formar a visão da sua cura completa.

Deus, desejo ser curada por inteiro. Quero me sentir bem na mente, no corpo e na alma. Ajuda-me a visualizar o que significa ser curada e a escrever com clareza o que vi, para que meu objetivo seja evidente e possa ser lido com facilidade. Amém.

49 João 10:1-10

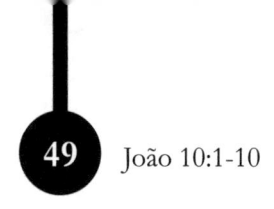

VIDA PLENA

O ladrão vem apenas para roubar, matar e destruir; eu vim para que tenham vida e a tenham plenamente.

JOÃO 10:10

Este versículo no qual Jesus revela a Seus seguidores por que veio à Terra é um dos meus favoritos. Depois de fazer uma analogia entre o porteiro e as ovelhas, dizendo que elas ouvem a voz de seu pastor, o porteiro, Jesus nos lembra de que o propósito do ladrão é roubar, matar e destruir. No entanto, Cristo, a antítese de nosso inimigo, não veio apenas para nos dar vida eterna, mas também vida plena e abundante.

Vamos esclarecer o que significa vida plena e de que modo ela nos ajuda nos dias sombrios, se conseguirmos visualizá-la. Para mim, abundante significa tudo aquilo de que necessito, e isso vai muito além de dinheiro. Se tenho vida abundante, sou completa, alegre, não tenho preocupações, sou inteira e saudável. Qualquer coisa que me impeça de viver dessa maneira pode ser considerada um ladrão, alguém que está aqui para me roubar ou me destruir, e não posso ceder a ele.

Não posso ficar parada e permitir que um ladrão entre na minha casa sem tentar recuperar o que me pertence. Portanto, quando sinto que estou afundando em coisas da vida que não são as melhores para mim, ou seja, em vida abundante, me lembro das palavras de Jesus. Frequentemente, preciso ler João 10:10 várias vezes para lembrar o que o Mestre deseja para mim. Isso me faz sair do lugar e mudar as coisas ao meu redor, para poder experimentar inteireza e completude.

Ter vida plena e abundante exige esforço da minha parte. Preciso ser vigilante, procurar os ladrões da alegria e colocá-los em seus devidos lugares enquanto caminho em direção a uma vida plena na mente, no corpo e no espírito. É uma jornada, mas vale a pena. Esforço-me para fazer o que precisa ser feito para viver a vida que Jesus me prometeu.

Minha confissão
Vou ter uma vida abundante.

Jesus veio para dar-lhe vida plena, abundante e completa.

Progresso, não perfeição
Escreva o que vida abundante *significa* para você. O que está tentando roubar ou matar essa vida? Como você pode ser vigilante e dominar o ladrão? Que atitudes vai tomar hoje para impedir que o inimigo leve embora sua vida abundante?

Senhor de tudo e de todos, obrigada pela promessa de vida abundante. Recebo-a e vou fazer o possível para que eu possa viver de modo pleno e completo como prometeste. Amém.

50 João 11:32-37

TRANSTORNO DE ESTRESSE PÓS-TRAUMÁTICO (PARTE 1)

Jesus chorou.
JOÃO 11:35

Permita-me incluir aqui uma referência da cultura *pop* negra americana. Atrevo-me a dizer que toda pessoa negra de mais idade que está lendo este devocional sabe do que estou falando quando digo que o sofrimento ou sua reação ao trauma psicológico pode afetar você como afetou Florida Evans quando ela jogou uma tigela de ponche no chão e disse as três palavras no infame episódio de *Good Times* (Bons tempos), *sitcom* que passava na televisão durante a década de 1970. Sim, você provavelmente conhece a cena, mas para os leitores que não são negros ou não se lembram do episódio, busquem por "Florida Evans and Punch Bowl" em um site de busca na internet.

Florida quebrou a tigela após o enterro de seu marido. Ela estava correndo de um lado para o outro cuidando da família, agradecendo a todos os que levaram um prato de comida à sua casa e basicamente dizendo que estava "bem". Mas, a certa altura, a represa literalmente se rompeu e ela teve de dar vazão às lágrimas e começar o processo de luto verdadeiro.

Entendo a reação de Florida, por vários motivos. Durante períodos de sofrimento, a situação se torna penosa: há trabalhos para planejar, coisas para descobrir e assim por diante. Veja no dia 12 a história da época em que eu não conseguia chorar após a morte de minha mãe. Porém, deixar as lágrimas para depois, ou o modo como expressamos nossa dor e emoções, serve apenas para criar uma série de sentimentos que explodirão, às vezes nos piores momentos.

Quando não lidamos corretamente com as emoções, e às vezes até quando lidamos, sofremos o que antes era mais comumente associado aos militares que voltavam da guerra: transtorno de estresse pós-traumático (TEPT). Hoje, percebemos que esse problema pode impactar qualquer pessoa que tenha sofrido um trauma psicológico, que inclui violência, abuso ou qualquer tipo de perda. Basicamente, todas as vezes que enfrentamos uma batalha ou algo que tivemos de suportar, o TEPT pode se instalar em nós.

Descobri que em algumas ocasiões não percebemos que sofremos um trauma. Estamos tão concentradas em manter tudo em ordem, como Florida Evans, que não percebemos a reação de nosso corpo e mente. Estamos ligadas em outra coisa, talvez achando que tudo vai bem, mas precisamos cuidar da lembrança traumática. Precisamos cuidar de nós de um modo especial, o que normalmente inclui terapia, medicina e instrumentos que nos ajudam quando algo desperta essa memória ruim.

É importante reconhecer pelo que passamos. Sim, podemos nos alegrar e agradecer a Deus por nos ajudar a superar o trauma e devemos fazer isso. Mas também precisamos nos lembrar de refletir e tratar de nossa mente e corpo. Quando viu a dor estampada no rosto dos que amavam Lázaro, e talvez quando se deu conta de que Seu bom amigo estava morto, mesmo que por um momento, Jesus chorou. Ele derramou lágrimas por Seu amigo e pelo sofrimento que outras pessoas estavam sentindo. Dar vazão às emoções é uma forma natural e saudável de lidar com a perda.

Minha confissão
Vou dar vazão às minhas emoções

Para se curar do trauma, você precisa enfrentar o sofrimento pelo qual passou.

Progresso, não perfeição
Encontre tempo e espaço para refletir sobre o trauma que sofreu. Como você pode dar vazão às emoções que talvez estejam represadas em razão desses incidentes? A quem, ou a que, você poderia recorrer em busca de ajuda?

Senhor, mostra-me o que preciso reconhecer e entregar a ti. Desejo abandonar os incidentes traumáticos e continuar a confiar em ti. Sei que és o Deus que cura e creio em Teu poder para me curar. Amém.

1 Pedro 5:6-11

TRANSTORNO DE ESTRESSE PÓS-TRAUMÁTICO (PARTE 2)

Lancem sobre ele toda a sua ansiedade, porque ele tem cuidado de vocês.

1 PEDRO 5:7

Pense em como nosso mundo mudou em 2020. Muitas de nós que não éramos trabalhadoras de serviços essenciais e tivemos "sorte", fomos enviadas para casa por duas semanas para trabalhar a distância. As crianças também foram instruídas a estudar e realizar os trabalhos escolares em casa. No caso da minha filha, aquela quinzena se transformou em dezoito meses até que ela voltasse a frequentar a escola e ver suas amigas.

Recebemos informações variadas sobre uma doença e como era transmitida. Compramos grandes quantidades de papel higiênico como se fosse o fim do mundo. Disputamos os alimentos e oramos para ter dinheiro suficiente para comprar comida por uns tempos. Mesmo assim, outras pessoas continuaram a sair para trabalhar, agora usando máscaras e querendo saber mais sobre um agente patogênico desconhecido.

Durante a pandemia, parece que eu segurava a respiração e orava: *Senhor, protege-nos*. E o que acontecia na hora de expirar, tomando cuidado todas as vezes, já que o vírus continuava a circular com todas as suas variantes? No verão, depois que as vacinas foram amplamente liberadas, eu sabia que precisava de uma ajuda extra. Precisava chorar, extravasar, abraçar meu pai, minha irmã e outras pessoas queridas que não vi durante dois anos.

Quando enfrentamos um trauma psicológico de qualquer tipo, é importante prestar atenção à nossa saúde mental. Precisamos expirar, deixar o ar sair dos pulmões. Se possível, planeje um dia ou mais para fazer nada além de cuidar de sua alma. Uma longa caminhada, um banho quente, uma xícara de bebida quente com uma amiga ou sozinha. Faça isso repetidas vezes. O trauma não se desenvolve em um dia; é a posição prolongada de lidar com uma situação difícil. Todos nós atravessamos um período pandêmico. Isso é trauma, independentemente de alguma vantagem que você possa ter obtido. Pessoas morreram ao nosso redor; os políticos brigavam e discutiam; a ciência se transformou; descobertas e mais descobertas ocorreram com frequência, e ficamos sem saber em que acreditar.

Ah, precisamos inspirar e expirar coletivamente. Não sei em que ponto estaremos na trajetória pandêmica quando você ler este livro — que tudo já tenha terminado, Senhor! —, mas se a vida me ensinou alguma coisa, algo mais pode ter concorrido para o trauma que você sente. Expire e não despreze a força que você reuniu e o impacto que o longo período de estresse e ansiedade causaram em você.

Seja qual for a sua situação neste momento, dê permissão a si mesma para expirar e refletir sobre como superou as dificuldades e dê à sua alma tempo para ser curada. Este período pode ser o seu tempo de expirar e permitir que as peças de sua alma se reorganizem lentamente para produzir uma "você" mais saudável e mais forte!

Minha confissão
Vou dar a mim mesma um tempo e um cuidado especial para me curar após o trauma, e até em meio ao trauma.

Todos nós precisamos expirar e inspirar.

Progresso, não perfeição
Planeje um tempo para você, especialmente após o trauma. O que vai fazer? Como vai incluir em sua vida a atividade de cuidar de você?

Deus dos meus anos exaustivos, Tu sabes o que tenho passado. Somente Tu conheces os meandros, o peso da minha alma. Ajuda-me a colocar meus cuidados aos Teus pés para eu ser totalmente curada. Amém.

52 — Gênesis 2:6-8

RESPIRAÇÃO

Então o Senhor Deus formou o homem do pó da terra e soprou em suas narinas o fôlego de vida, e o homem se tornou um ser vivente.

GÊNESIS 2:7

Durante uma de minhas estações de estiagem, aquelas em que nos sentimos desconectadas de Deus, tentei focar em minha respiração. Com um pouco de prática e intencionalidade, focar em Deus enquanto inspirava e expirava me lembrava da minha motivação e força. Quando pensava em Deus enquanto inspirava, eu me lembrava de que estou viva somente pela Sua provisão. Não posso fazer nada sem o sopro da vida, que é dado por Ele, conforme lemos em Gênesis. Seríamos pó, ou nada, se o Criador não tivesse soprado o fôlego de vida nas narinas do primeiro ser humano, para torná-lo um ser vivente.

Portanto, quando tenho dificuldade para começar o dia ou superar um obstáculo, seja por causa de tristeza profunda, estresse ou outros motivos, tento ser intencional a respeito da respiração. Faço o que chamo de "caminhadas para respirar" de hora em hora até me sentir melhor. Nelas encontro um espaço, normalmente o corredor de minha casa, para ir e voltar três vezes. Enquanto inspiro, agradeço a Deus pela respiração. Enquanto expiro, agradeço a Deus pela respiração. Durante a caminhada, respiro fundo várias vezes, soltando o ar lentamente.

O simples fato de respirar e pensar no Senhor renova minha mente, e a caminhada renova meu corpo. E ao terminar de andar no corredor, tenho uma sensação de vitória, da qual tanto necessito em dias difíceis. Tento amenizar as distrações, como não pegar uma meia caída no corredor ou endireitar um quadro na parede enquanto passo por ele, e aguardo a próxima caminhada, desanuviando a mente e conectando-me com o Pai.

A certa altura, me repreendi por não estar conectada com Deus, que me dá vida. Eu não deveria me lembrar dele ao respirar? Agora tento não me repreender, mas adotar a prática de inspirar e expirar tendo o meu Senhor no pensamento. Tente fazer o mesmo. Se você não tem condições de caminhar, respire fundo várias vezes no lugar onde está sentada, basta ser intencional enquanto inspira e expira. E agradeça a Deus pelo fôlego de vida.

Minha confissão
Sei que cada respiração minha foi dada por Deus. Vou agradecer a Ele, uma após outra.

O sopro de Deus me deu vida.

Progresso, não perfeição
Planeje fazer caminhadas para respirar a cada hora hoje.

Deus da vida, cada respiração minha é motivo de gratidão. Ajuda-me a louvar-te enquanto inspiro e expiro hoje. Renova minha força a cada respiração que dou. Amém.

53 Marcos 4:35-41

DESCANSO

Jesus estava na popa, dormindo com a cabeça sobre um travesseiro. Os discípulos o acordaram e clamaram: "Mestre, não te importas que morramos?"

MARCOS 4:38

Para mim, uma das melhores coisas sobre a invenção das redes sociais é a popularidade dos memes engraçados. Essas figuras acompanhadas de rápidos dizeres me divertem e ficam na minha mente. É o poder das imagens e das palavras. Lembro-me de um meme específico que ainda circula por aí, que mostra um homem dormindo e traz os seguintes dizeres: "Jesus cochilava. Seja como Jesus".

Amém! Se eu fosse criar um meme para este livro, criaria um parecido com esse e compartilharia com todos os que convivem com a tristeza profunda a ideia de que o descanso é importante. Por algum motivo, talvez cultural, pensamos que temos de fazer tudo e que somente nós somos capazes de fazer a coisa certa. Pensamos que a casa vai desmoronar se não fizermos alguma coisa. Como cuidadoras do mundo, cuidando de pais, filhos e outras pessoas, adquirimos a noção de que somos extremamente necessárias e, se pararmos para descansar ou fizermos uma pausa, a vida não vai continuar.

Será que não bastaria vermos o exemplo de Jesus para refutar essa afirmação? O contexto bíblico de hoje diz que o dia do Mestre havia sido muito agitado. O ritmo do evangelho inteiro de Marcos mostra Jesus em constante atividade. Ele havia ensinado, realizado curas e milagres, mas sabia que também deveria ter um bom descanso. Depois de escolher algumas pessoas do Seu círculo de amizade e se afastar da multidão, Ele descansou; dormiu no barco, com a cabeça sobre um travesseiro. Aparentemente, Ele não estava pilotando a embarcação; não estava indicando a direção que todos deveriam seguir; não estava ensinando nem preparando uma refeição. Jesus estava dormindo, cuidando da Sua mente, corpo e alma por meio de um sono restaurador.

Geralmente, fico espantada quando paro e penso que somos um povo que descansa pouco, ocidentais ou não. Mesmo nos dias de folga, estamos sempre realizando uma pequena tarefa aqui e ali, limpando a casa ou lavando uma pilha de roupas. Não estou dizendo que você deve folgar todos os dias, mas pergunte a si mesma: O que aconteceria se você descansasse? O que aconteceria se, durante seus dias sombrios, você dedicasse um pouco mais de tempo para dormir? Ou será que você teria tantos dias sombrios se cuidasse realmente de si mesma e incluísse um pouco de descanso em sua agenda? Eu sei que não teria.

O *burnout* é uma das causas que identifiquei como responsável por minha depressão. Quando me prejudico, é preciso um cuidado extra para voltar ao que eu era: uma mulher mais satisfeita e saudável. Quero ser como Jesus e descansar antes que isso aconteça. Afinal, Ele é capaz de lidar com as tempestades sem minha ajuda, portanto, posso descansar.

Minha confissão
Vou descansar um pouco hoje.

O que você acha que tem de fazer, quase sempre, pode esperar.

Progresso, não perfeição
Dê uma olhada em sua agenda para a próxima semana. O que você pode cancelar ou retirar da sua lista de tarefas para intencionalmente poder descansar um pouco mais? Faça isso.

Deus que controla as tempestades, obrigada por me mostrares, por intermédio de Jesus, a importância do descanso. Lembra-me de que não tenho de fazer tudo hoje. Ajuda-me a aprender a descansar. Amém.

Gênesis 1:31—2:3   54

POR QUE DESCANSAR?

No sétimo dia Deus já havia concluído a obra que realizara, e nesse dia descansou. Abençoou Deus o sétimo dia e o santificou, porque nele descansou de toda a obra que realizara na criação.

GÊNESIS 2:2-3

Tenho certeza de que você já ouviu a declaração um tanto irreverente: se Deus descansou, nós também podemos descansar. Precisamos ter em mente esta verdade muito importante: Deus criou o mundo em seis dias, inclusive os seres humanos, mas, no sétimo dia, parou e descansou.

A maioria de nós já conhece a mensagem sobre o descanso sabático. Sabemos que um dia da semana *deve* ser separado para ser santificado. Algumas pessoas seguem essa regra rigorosamente: nada de trabalho, nada de acender fogo, nada relativo ao trabalho no *Shabat*. Minha prima mais velha me contou certa vez que sua mãe fazia um estardalhaço até se os filhos tentassem passar roupa no domingo, o dia observado como *Shabat*.

Mais recentemente, em nosso mundo de ritmo acelerado, tenho visto algumas pessoas interpretarem o *Shabat* como descanso dentro de um dia, não apenas no começo ou fim da semana. Elas sugerem incorporar o descanso diariamente como forma de autocuidado.

Independentemente de como você observa o *Shabat*, se semanalmente ou diariamente, estou aqui para acrescentar que *deve* haver descanso, e isso deve acontecer regularmente, como prioridade. Só durante o período de pandemia de 2020 e um pouco além foi que encontrei a paz e o conforto de *não* trabalhar nos fins de semana. Trabalhei em período integral e fiz trabalhos extras durante um bom período em minha carreira.

Parte disso é normalidade, parte é tentar pagar as contas ou precisar de mais dinheiro para financiar um desejo, e parte é porque eu gosto de misturar trabalhos. Mas, ao dizer a mim mesma que devia desligar o computador aos sábados e domingos, descobri uma paixão tão grande por meu trabalho na segunda-feira que percebi estar prejudicando minha criatividade por *não* dar um descanso à minha mente, corpo e alma.

Assim, tento planejar o maior número possível de fins de semana livres como um presente pessoal. Às vezes, os prazos exigem que eu trabalhe, em outras, eles podem esperar, já que vou estar melhor na segunda-feira. Durante esse tempo, aprendi a me sentir confortável com o *não trabalhar*. Precisei aderir a alguns passatempos divertidos e secretos para me livrar do tédio, e tenho alguns livros aguardando minha leitura.

Uso o tempo para participar de brincadeiras com minha família e tentar me envolver totalmente quando converso por telefone com pessoas queridas. É uma prática bíblica e que acredito ter ajudado minha saúde. Teste-a, repita-a, aproveite-a e, então, veja se sua tristeza profunda melhora.

Minha confissão

Vou honrar Deus e minha mente com descansos sabáticos rotineiros.

O descanso é sagrado.

Progresso, não perfeição

Planeje seu próximo descanso sabático; quanto tempo vai durar? Que desculpas você precisa sobrepujar?

Deus do descanso, sei que criaste o Shabat para eu ter tempo de descansar e me reconectar contigo. Ajuda-me a deixar as desculpas de lado e procurar ter um descanso bom e rotineiro em Teu nome. Amém.

55 Salmo 30:1-5

A PROMESSA DA MANHÃ

Pois a sua ira só dura um instante, mas o seu favor dura a vida toda; o choro pode persistir uma noite, mas de manhã irrompe a alegria.

SALMO 30:5

Para mim, um dos aspectos mais difíceis da depressão era admitir que as manhãs nem sempre parecem revigorante e renovadoras. Por ser uma pessoa que acorda cedo, passei a gostar muito das primeiras horas do dia. Quando estou bem de saúde, é pela manhã que realizo meu trabalho. Escrevo livros pela manhã, inclusive estou escrevendo este às quatro horas da madrugada; termino os projetos pela manhã; limpo a casa e cozinho pela manhã.

Simplesmente me sinto mais entusiasmada e descansada no início do dia. Sei que algumas pessoas são mais produtivas à noite, mas raramente penso em algo novo ou bom depois das sete horas da noite. Nesse horário, já estou cansada demais e quero relaxar, ver televisão, ler um livro ou dormir.

Quando as manhãs começaram a ser um verdadeiro fardo para mim, eu sabia que havia um problema. Quando cobrir a cabeça com o cobertor parecia mais adequado que sair da cama, eu sabia que havia algo errado. Quando oito horas de sono se transformavam em nove e, às vezes, dez, e ainda assim eu não me sentia descansada, reconheci os sinais de depressão. E permaneço atenta aos sinais de tristeza profunda de manhã como um sintoma desse mal.

Porém, me apego à bela imagem mental que Davi descreve no Salmo 30: a manhã verdadeira trará alegria; "de manhã irrompe a alegria" (v.5). Sim, o choro pode vir à noite, nos tempos sombrios, durante os dias em que quero cobrir a cabeça e continuar na cama. Mas da mesma forma que o sol se põe e a escuridão cobre a terra, ele também se levanta e a ilumina. A noite dura um tempo definido.

Quando estou sem rumo, lembro que existe a esperança da manhã. As trevas só permanecem por um momento e da mesma forma que me sinto totalmente diferente à noite, sei que a manhã me deixará renovada e espero por ela. Isso me ajuda a atravessar a escuridão, para que eu me alegre quando a manhã chegar em meu espírito.

Clame ao Senhor por ajuda e aguarde a chegada de um novo dia, anseie pelo alvorecer, creia na chegada da manhã; e não se esqueça de se alegrar quando isso acontecer.

Minha confissão
Vou aguardar a chegada da manhã quando minhas trevas tiverem se dissipado.

As manhãs são revigorantes e renovadoras;
são um tempo de alegria.

Progresso, não perfeição

Pense na última vez que você se sentiu renovada. Descreva como foi aquela sensação. Ore pedindo força para resistir até que sua manhã chegue novamente.

Amado Senhor, aguardo a chegada da manhã. Quero me sentir renovada e revigorada. Lembra-me de que a noite dura apenas algumas horas. Ajuda-me a aguardar com esperança a chegada de um novo dia. Amém.

Salmo 46:7-11 | 56

AQUIETE-SE

Aquietem-se e saibam que eu sou Deus! Serei honrado entre todas as nações; serei honrado no mundo inteiro.
SALMO 46:10 (NVT)

Uma de minhas boas amigas não gosta nem um pouco do Salmo 46:10. Ela se encolhe todas as vezes que ouve esse versículo. Atrevo-me a dizer que a sinceridade dela é provavelmente saudável, mas vou discutir esse assunto em outro devocional. Ela não quer se aquietar e esperar e se conhece muito bem para saber que esse não é seu ponto forte. No entanto, quando ouve a Palavra de Deus, ela leva tudo muito a sério, portanto, esse versículo toca dolorosamente seu coração e a lembra de procurar ter paciência e ficar quieta.

Creio que a quietude é um lembrete para permanecer na presença de Deus; parar de lutar, desistir, ao menos por enquanto, das preocupações ou de tentar promover uma mudança e continuar observando quem Deus é, tudo o que Ele fez e é capaz de fazer. "Aquietem-se e saibam que eu sou Deus!" é um chamado para eu parar e observar o meu Criador.

Como ser humano, sou semelhante à minha amiga: não quero ficar parada. Quero me movimentar e fazer o que é preciso ou descobrir um meio de ser curada. Mas quando ouço esse versículo sou finalmente impelida a parar, a me esforçar para ficar calma, sem querer chegar a conclusões rápidas, mas reconhecer que Deus certamente está no controle.

A quietude me recoloca no centro. Ela acalma meu espírito e me faz entrar em sintonia com o meu Senhor, me faz lembrar quão grande é o meu Deus e quão pequena eu sou. A quietude coloca tudo em perspectiva.

Quando estou sofrendo de tristeza profunda, pode ser que eu fique quieta ou paralisada por causa de minha condição, mas aquietar-me e focar em Deus é diferente. É quase como um *check-up* ou um lembrete dele.

Portanto, lembro-me de separar alguns momentos para me aquietar, sentar-me e pensar mais no Pai do que em meus problemas. Esse é um chamado para exaltá-lo como alguém mais poderoso que meus problemas. Afinal, Ele é Deus.

Minha confissão
Vou me aquietar hoje e refletir em quem Deus é.

"Aquietem-se e saibam que eu sou Deus!" é um chamado para parar e focar no Senhor.

Progresso, não perfeição
Seja intencional hoje sobre se aquietar. O que você observa a respeito de Deus nesses momentos de quietude?

Deus exaltado, sei quem Tu és. Louvo-te e exalto-te por seres o Deus de tudo e de todos. Acalmo meu coração e mente de propósito para observar quem Tu és, tudo o que tens feito e tudo o que és capaz de fazer. Amém.

Jó 3:20-26   **57**

O PODER DA SINCERIDADE

*Pois me vêm suspiros em vez de comida;
meus gemidos transbordam como água.*

JÓ 3:24

Minha reflexão sobre uma amiga que se encolhe visivelmente e com sinceridade literalmente todas as vezes que ouve: "Aquietem-se e saibam que eu sou Deus!" (SALMO 46:10) me instigou outro pensamento e ele fala de sinceridade. Ao compartilhar o espaço de adoração, o espaço da educação e agora as jornadas da vida com minha colega, consegui ver sua sinceridade nua e crua. Na verdade, admiro o modo como ela lida com seus sentimentos e como não se desculpa por expressá-los.

Não me interprete mal; ela e eu temos e tivemos grandes conflitos. O meu lado de querer agradar os outros, para que tudo corra muito bem e pareça bonito, e a sinceridade inflexível da minha amiga, que sempre diz o que pensa, entraram em conflito em várias ocasiões. Mas também aprendi que há grande valor em levar adiante os relacionamentos "difíceis", em aprender a aceitar as perspectivas e as personalidades de cada um até assimilar essas informações e amadurecer.

Percebi a liberdade que minha amiga tem de falar o que pensa. Uma vez que a verdade nunca está longe do seu coração nem da sua boca, ela tem muito mais contato com suas emoções do que alguém como eu, que vive procurando um jeitinho de dizer as coisas ou que está sempre tentando, com muita dificuldade, não ferir os sentimentos alheios. Anos e anos agindo dessa maneira, pisando em ovos em relação aos sentimentos, podem fazer com que você os reprima; podem fazer você — e, nesse caso específico, eu — ter total desconhecimento sobre algumas verdades que precisam ser conhecidas.

Jó me faz lembrar da minha amiga. Aquele homem fiel e justo disse em voz alta o que estava pensando. Ao ler os capítulos daquele livro, você não pode deixar de sentir pena dele. Jó sofreu e muito. E ele sempre diz o que está sentindo; compartilha o que está experimentando, lamenta, desabafa! Nós sabemos como a história termina: Jó tem uma conversa com Deus, depois de expor seus pensamentos, arrependimentos, medos, desprezo e emoções verdadeiras. E se ele pode gritar, resmungar e expor aos berros seus verdadeiros sentimentos, por que nós não podemos?

Tenho certeza de que existe um pouco de liberdade por baixo daquelas coisas que guardamos escondidas. Tenho certeza de que há liberdade para entrar em contato com nossos sentimentos e ser livre para expressá-los. O segredo? Encontre amigas que ouçam e não julguem. Faça amizade com alguém como minha amiga. Essa amizade foi construída com muito esforço para podermos dizer tudo o que pensamos e sentimos.

Utilize diários para ser sincera e verdadeira sobre seus sentimentos. É libertador poder expressá-los com franqueza.

Minha confissão

Vou pôr em prática a sinceridade nua e crua para entrar em contato com meus sentimentos.

É libertador expressar seus verdadeiros pensamentos.

Progresso, não perfeição

Encontre alguém ou um lugar para se expressar livremente. Pode ser um amigo, um conselheiro ou seu diário.

Deus santo, quero ser sincera contigo e comigo. Ajuda-me a remover as camadas que criei para me proteger. Dá-me espaço para expressar meus pensamentos sinceros e discernimento para saber com quem posso compartilhá-los. Amém.

58 Isaías 43:18-20

ACEITAÇÃO E MUDANÇA

Esqueçam o que se foi; não vivam no passado.
Vejam, estou fazendo uma coisa nova! Ela já está surgindo!
Vocês não a reconhecem? Até no deserto vou abrir
um caminho e riachos no ermo.

ISAÍAS 43:18-19

Enquanto orava por força e sabedoria para escrever mais sobre como atravessar esse oceano de tempos difíceis conhecido como depressão e tristeza profunda, fui compelida várias vezes a tratar do luto.

O luto é uma parte muito importante da vida e pode nos tragar para um buraco escuro durante anos e anos. Não existe um tempo estabelecido para chorar a perda de uma pessoa querida. E como mencionei antes, na época das festas de fim de ano, a dor da perda pode surgir do nada e nos confundir. Por que estou triste? É Natal, minha comemoração predileta. Por que estou triste durante os preparativos para passar um dia especial com a família e amigos? Um aniversário? Uma época favorita do ano?

Seja o que for, a lembrança da perda de uma pessoa querida em um dia especial pode evocar o luto. E então, o que fazer?

Aprendi a sentir a dor do luto, a conviver com ela, escrever como me sinto, orar descrevendo meus sentimentos, liberar um bom choro e dar uma boa risada. Compartilho lembranças com minha irmã e até conto à minha filha uma história sobre minha mãe, que ela não chegou a conhecer. Manter as lembranças vivas e claras é importante para lidar com o luto.

Há outra coisa que digo a mim mesma: aprecie o novo. Não esqueço totalmente o passado como Deus ordenou a Israel no texto bíblico de hoje, mas me lembro de focar nas novidades. Sim, sinto muitas saudades de minha mãe, adoraria poder me sentar aos pés dela mais uma vez e me deliciar com um dos pratos que ela cozinhava, ou vê-la brincando com minha filha e até conhecendo meu marido, mas isso não será possível. Eu sei disso. Tenho novas tradições para seguir, novos membros da família para contar histórias sobre minha mãe e, neste exato momento, tenho amigas com quem quero criar lembranças.

Durante os tempos sombrios do luto, crio um lembrete da pessoa querida. Como por exemplo, comprar poinsétias, a flor preferida da minha mãe, no Natal; ou usar seus brincos favoritos no dia em que ela comemoraria seu aniversário. Dou a mim mesma um momento para refletir e lembrar e, depois, o compartilho com outras pessoas.

Não é fácil; cada ano traz uma emoção diferente, mas estou comprometida a seguir em frente. Sinto um pouco do amor sincero e incondicional da minha mãe e quero continuar dando e transmitindo esse amor aos outros.

Minha confissão
Vou aceitar as novas tradições das festas de fim de ano e dos dias especiais.

Aprecie o novo que está emergindo após a perda e o luto.

Progresso, não perfeição
Como você pode honrar a pessoa querida que se foi e criar tradições com aquelas que estão aqui?

Deus de toda consolação, envia um novo sopro de força neste dia em que reflito sobre a perda de pessoas queridas. Desejo abraçar aquelas que estão aqui comigo e me lembrar das que se foram. Amém.

Lucas 8:1-3 | 59

O ESPÍRITO DA DEPRESSÃO

Depois disso Jesus ia passando pelas cidades e povoados proclamando as boas-novas do Reino de Deus. Os Doze estavam com ele, e também algumas mulheres que haviam sido curadas de espíritos malignos e doenças: Maria, chamada Madalena, de quem haviam saído sete demônios.

LUCAS 8:1-2

Em meu livro *Successful Women of the Bible* (Mulheres de sucesso na Bíblia, tradução livre), gostei muito de mergulhar nas histórias das mulheres dos tempos bíblicos. Ao usar minha pesquisa e imaginação para preencher algumas partes não reveladas de suas histórias e relacioná-las às mulheres de hoje, fui atraída pelo relato de Maria Madalena.

Eu a conheço como uma das mulheres que descobriu que Jesus havia ressuscitado (VEJA MARCOS 16:9), li sobre os demônios que a possuíram e sobre seu carinho e amor pelo Mestre. Também me lembro dela quando ouço cristãos dizerem que não devemos sofrer de depressão. "Não temos o espírito da depressão; precisamos orar para afastá-la de nós e sermos gratos." Gostaria muito que as pessoas estivessem tentando ajudar ou animar alguém que parece estar abatido quando dissessem coisas como essas, mas penso que elas são insensíveis e não entendem como a depressão funciona ou faz alguém se sentir.

Há tantas causas que levam à depressão que alguém de fora não é capaz de determinar sua origem. Ela pode ser hereditária, química, motivada por uma situação como a perda de uma pessoa querida ou emprego, estresse, e assim por diante. Também pode ser algo eterno que nos corrói por dentro e faz com que o espírito de tristeza crie uma nuvem acima de nossa cabeça e organismo.

Embora eu não saiba o que se passava com Maria Madalena, sei que ela não estava bem. Não é possível estar bem quando se está sob a possessão de um demônio. Não estou comparando a depressão à possessão demoníaca, mas analisando como uma mulher viveu e foi curada do que a afligia, algo que a fazia agir de modo muito diferente de alguém que não estava na mesma condição que ela, e que acabou a rotulando, mesmo séculos depois. Suas ações enquanto vivia sob a possessão demoníaca devem ter sido notáveis, pois os autores da Bíblia não deixaram esse detalhe de fora.

Não pretendo lhe informar neste livro qual é a cura para a depressão nem você me ouvirá dizer "ore para ela ir embora". É claro que vou recomendar que você ore; eu conheço o poder da oração, e uma pequena conversa com Jesus pode mudar tudo; mas também conheço o enorme poder que a depressão tem sobre nossa mente e sei que ela exige mais que interceder.

Apresento-lhe o exemplo de Maria Madalena como um lembrete de que a depressão é verdadeira e pode tomar conta de nossa mente e espírito como outras doenças que aceitamos com mais facilidade neste país. E as pessoas doentes, deprimidas, necessitam de tratamento. O tratamento pode consistir em psicoterapia, medicamentos, exercícios, mudança nas circunstâncias e, claro, oração. Creio em todos esses tratamentos e encorajo você a buscar aquele do qual necessita.

Encorajo você a seguir o exemplo de Maria Madalena. Ela era conhecida como a mulher que foi curada de espíritos malignos, mas não permitiu que as opiniões dos outros a detivessem. Aquilo era apenas um rótulo. Ela seguiu em frente para dedicar sua vida ao Médico que a curou, para segui-lo e apoiar Seu ministério.

Maria Madalena se tornou mais do que uma mulher cujo corpo fora hospedeiro de demônios, o que certamente prejudicava seu estado mental. Ela passou a ser conhecida como uma das primeiras a compartilhar as boas-novas. Não somos a condição em que vivemos. Não somos os espíritos de enfermidade que vivem dentro de nós, independentemente dos rótulos que as pessoas nos atribuam. Somos mais e temos mais a fazer e apoiar.

Minha confissão
Sou mais que uma tristeza profunda. Sou seguidora de Cristo e tenho mais coisas para compartilhar com o mundo.

A depressão não define você, mesmo quando parece tomar conta de todo o seu ser.

Progresso, não perfeição
Leia um pouco mais sobre a história de Maria Madalena em Marcos 16 e Lucas 8. De que modo ela pode ser uma inspiração para você seguir em frente?

Deus da cura, preciso que te manifestes de forma poderosa. Dirige meus passos para eu ser curada. Dá-me força e coragem para buscar a ajuda de que necessito para alcançar a cura completa. Amém.

60   2 Samuel 12:18-23

TROCANDO DE ROUPA

Então Davi levantou-se do chão, lavou-se, perfumou-se e trocou de roupa. Depois entrou no santuário do Senhor e o adorou. E, voltando ao palácio, pediu que lhe preparassem uma refeição e comeu.

2 SAMUEL 12:20

Às vezes, quando estamos em completo desespero e cobertas pela escuridão, uma pequena mudança pode fazer grande diferença. Entendo que até as tarefas simples e rotineiras parecem gigantescas e talvez exijam muito esforço, contudo, se nos propusermos a participar de pequenos avanços ou mudanças, isso pode fazer diferença.

Penso na descrição de Davi, em 2 Samuel 12:20, quando ele se levantou, lavou-se, perfumou-se e trocou de roupa. Ele havia jejuado, orado e suplicado a Deus por seu filho. Toda a atenção dele girava em torno de suplicar ao Senhor para que salvasse a criança. Ao ser informado de que o filho havia morrido, ele se levantou e mudou de atitude. Decidiu cuidar de alguns elementos básicos de higiene, se preparou para seguir em frente e consolar a esposa.

Uma das minhas vizinhas foi demitida do trabalho com idade avançada e se viu diante da possibilidade de perder a casa porque não conseguiria mais ter a mesma renda de quando era mais jovem. Ela me contou o que a ajudou a não cair em depressão: Depois de sair da cama todos os dias, minha vizinha tomava banho e se vestia com uma roupa bonita. Às vezes, se aventurava em sair de casa para ir ao mercado ou cuidar de uma pessoa querida, mas permanecia em casa em outras ocasiões, sempre bem-vestida.

O ato de seguir uma rotina a ajudou. Notei o valor dos hábitos quando tive que ficar em casa e trabalhar a distância durante a pandemia. O banho quente de chuveiro era agradável e revigorante, embora eu achasse que poderia ficar sem banho e trabalhar de pijama às vezes.

Há um aspecto da rotina que pode nos manter em movimento e entusiasmadas. Talvez não cure a tristeza profunda, mas pode nos dar um empurrãozinho para darmos mais um passo.

Minha confissão
Vou sair da cama e cuidar da higiene rotineira todos os dias.

Cuidar do corpo é importante e faz bem para a mente.

Progresso, não perfeição
Troque de roupa; tome um banho de chuveiro demorado; coma seu alimento predileto.

Meu Deus, meu Senhor, obrigada pelo dia que acaba de nascer. Ajuda-me a saudá-lo com minha rotina de cuidar do meu corpo mesmo quando não tenho disposição. Ajuda-me a receber este novo dia com entusiasmo. Amém.

61 — João 4:1-14

O PODER DA ÁGUA

Jesus respondeu: "Quem beber desta água terá sede outra vez, mas quem beber da água que eu lhe der nunca mais terá sede. Ao contrário, a água que eu lhe der se tornará nele uma fonte de água a jorrar para a vida eterna".

JOÃO 4:13-14

Ao longo da Bíblia, vemos o poder da água. Nesta passagem, Jesus está à beira do poço, explicando à mulher que Ele é a água viva, da qual necessitamos para viver eternamente. Penso que Cristo escolheu a água como metáfora por causa do significado que ela tem para a vida. Nós necessitamos dela para viver.

A água também é um poderoso agente terapêutico. Piscinas, balneários, duchas, banheiras com água quente, nascentes e oceanos proporcionam uma boa dose de alívio para os corpos cansados e enfermos. Às vezes, me surpreendo com a sensação refrescante que sinto após um banho quente de chuveiro, principalmente se o adiei por um tempinho. Também considero relaxante ficar dentro de uma banheira com água quente, em parte porque acho que não tenho tempo para isso. Tenho de entrar e sair rápido para fazer outra coisa. Porém, quando me lembro de cuidar bem de mim e relaxar dentro d'água, sinto grande alívio.

Até flutuar de costas em uma piscina traz calma à minha mente e espírito. Essa é realmente uma de minhas melhores posições para orar, principalmente se estou longe de casa. Não posso deixar de agradecer a Deus enquanto olho para o céu e entro nas águas frescas de uma piscina. Quando estou embaixo d'água, me sinto renovada e vejo minhas preocupações, ansiedades e tristezas desaparecendo no fundo da correnteza.

Ao lidarmos com a tristeza profunda, é importante não abandonar alguns confortos básicos da vida, como a água. Nem sempre levamos em conta seu poder terapêutico, mas, se usada com regularidade e propositalmente, ela é capaz de melhorar nosso humor e nos dar esperança e entusiasmo para seguirmos em frente.

A água de que você necessita pode estar bem perto. Tente se entregar a ela, pensando na água viva que Jesus ofereceu à mulher à beira do poço e a você também. Essa água é capaz de saciar nossa sede e atender às nossas necessidades e desejos. Delicie-se com ela hoje.

Minha confissão
Hoje, vou relaxar e aproveitar as delícias da água.

A água é essencial para a vida. Jesus é a água viva.

Progresso, não perfeição
Desfrute da água hoje. Considere ler um bom livro ou orar enquanto aproveita seus benefícios.

Água Viva, cai sobre mim neste dia como uma chuva refrescante. Enquanto eu estiver mergulhada em água natural, lembra-me de que prometeste me proporcionar tudo de que necessito nesta vida e na vida eterna. Ajuda-me a ser revigorada e renovada pelo Teu Santo Espírito. Amém.

Isaías 26:3-6

FOCO

Tu, SENHOR, guardarás em perfeita paz aquele cujo propósito está firme, porque em ti confia.

ISAÍAS 26:3

Uma das coisas mais difíceis para mim nos dias de tristeza é conseguir me concentrar. *Falo sério*. Para começar, não sinto vontade de fazer nada. Sair da cama é um problema, só quero ficar ali e puxar as cobertas sobre a cabeça. Sendo assim, iniciar o trabalho e fazer algo realmente produtivo exigem um esforço hercúleo.

Estas são algumas lições que aprendi ao longo dos anos tentando me concentrar por tempo suficiente para completar uma tarefa complicadíssima:

- Admita que é um dia difícil. Às vezes, dizer para si mesma: "Este é um dia complicado" alivia as pressões da vida. Nada mudou, mas você fez uma autoavaliação e sabe o que está acontecendo.
- Seja menos exigente. Já falei sobre determinar o que *necessita* ser feito. Evidentemente, isso muda de um dia para o outro, de acordo com suas responsabilidades. Quando você sabe o que tem que ser feito impreterivelmente, tem uma noção quanto a que você *precisa*

focar. Se seus impostos vão vencer em 15 de abril, pensar que não vai conseguir pagá-los ainda no dia 1º de fevereiro não vai ajudá-la durante sua frágil condição. Se conseguir pagá-los, ótimo; se não, programe pagá-los até o fim do prazo, talvez em um dia no qual se sinta melhor. Se a data limite para entregar um trabalho for hoje, use sua energia para se concentrar nele, caso não consiga um prazo maior. Lembre-se: se você estivesse gripada, teria entrado em contato com a pessoa responsável e solicitado prorrogação ou licença médica. A saúde mental é tão importante quanto a saúde física. E encare o fato de que vai demorar um pouco mais para terminar a tarefa, porque é um daqueles dias difíceis. Tire a pressão de cima de você e não trabalhe como se tudo estivesse normal, pois não está.

- Saiba que este é somente um dia. Talvez seu foco esteja melhor amanhã ou no fim do dia. Respire fundo, ore e procure fazer tarefas mais simples hoje. O que você pode fazer que não exija total atenção? Ler alguns artigos que seu chefe lhe enviou? Ler *e-mails* que estão abarrotando a caixa de entrada? Ou será que uma atividade mais movimentada, como ir várias vezes até a lixeira depois de ter limpado sua estação de trabalho, poderia ajudá-la? Seja o que for, tente não se prender ao fato de que está se sentindo mal hoje ou que sua mente está dispersa.

O que acontece neste momento pode estar preparando você para uma grande ideia, seu próximo grande avanço, ou apenas para o próximo passo. Você pode tropeçar em algo que talvez a ajude mais tarde. Às vezes, contornar a situação e *não* focar nela produz uma joia escondida.

Tire a pressão de cima de você. A vida continua, o trabalho será feito e sua mente reagirá melhor se for tratada com carinho, sem ser forçada a fazer algo. Cuide-se bem, tente focar nisso hoje e descubra o que essa prática realmente significa para você durante este período. Deus vai lhe conceder paz se seu propósito estiver firme ou focado (VEJA ISAÍAS 26:3). Às vezes, se concentrar em um só assunto importante e que precisa ser concluído é tudo o que você pode fazer.

Minha confissão

Vou me concentrar no que significa cuidar bem de mim hoje.

Focar no que necessita ser feito é uma forma de lidar com os problemas de concentração nos períodos de tristeza profunda.

Progresso, não perfeição

Pense em uma atitude que você pode tomar para cuidar melhor de si mesma hoje. Concentre-se nela.

Amado Deus, este é um daqueles dias complicados. Estou com dificuldade de me concentrar. Dá-me o que necessito neste dia e ajuda-me a lembrar que és um verdadeiro provedor. Sei que me concedeste exatamente o que outrora necessitei e confio que farás o mesmo hoje. Amém.

63 Provérbios 16:2-4

HIPERFOCO

Consagre ao SENHOR tudo o que você faz,
e os seus planos serão bem-sucedidos.
PROVÉRBIOS 16:3

E assim como ocorre com a maioria das coisas, há um princípio complementar para dias sombrios que parece ser o oposto de outro princípio. Analisamos o foco no devocional anterior; agora, vamos considerar o fato de não focar demais. Às vezes, é cômico pensar no modo como os seres humanos funcionam; podemos ir de um extremo ao outro em questão de segundos.

A certa altura, não conseguimos focar. Os pensamentos ficam totalmente dispersos enquanto tentamos terminar uma tarefa, nos distraímos com as mínimas coisas ao redor. E se você é um pouco igual a mim, há ocasiões que focamos tanto em um objetivo que não vemos mais nada. E isso pode também nos levar à tristeza profunda.

O hiperfoco* acontece comigo principalmente durante os prazos de entrega de trabalho ou quando estipulo uma meta e reúno energia suficiente para cumpri-la. Meu corpo fica tenso, a mente só consegue pensar em terminar aquilo e cumprir o

---

* N.E.: estado de concentração intensa de uma pessoa em uma tarefa.

objetivo, o que me faz deixar de ver as coisas belas da vida que são capazes de recarregar minhas energias. Às vezes, o foco dogmático é um problema.

Quando me vejo nessa situação, tento parar, respirar fundo, e pôr em prática todos os lembretes que estabeleci e guardei na memória: *Aproveite a jornada. O trabalho será concluído. Faça uma pausa. Respire fundo.*

Chego a me advertir a respeito do exagero. Se minha meta é escrever dois devocionais hoje, paro ao terminá-los em vez de prosseguir para escrever o terceiro ou o quarto. Às vezes, o espaço, o descanso e a pausa me dão a renovação de que necessito para prosseguir.

Se eu continuar escrevendo, se tentar me forçar a produzir mais, vou ficar esgotada. Não vou me sentir revigorada nem ser capaz de completar a tarefa com alegria. Conhecer a si mesma e aquilo que funciona melhor para você pode ajudá-la a detectar seus gatilhos antes de entrar pelo caminho da depressão total.

Minha confissão
Não vou transformar minha meta em meu deus. Vou fazer uma pausa e manter o ritmo desacelerado.

O foco exagerado pode causar estresse e fazer você deixar de ver as coisas que podem incentivá-la.

Progresso, não perfeição

Analise suas metas para hoje ou para o futuro próximo. O que você pode reduzir ou eliminar da lista para conseguir respirar?

Deus Criador, concede-me sabedoria e força para me controlar e descansar. Ajuda-me a me lembrar de renovar as energias para evitar burnout e ser curada por inteiro. Amém.

Romanos 8:37-39 | 64

VERDADES PARA SE APEGAR (PARTE 1)

Pois estou convencido de que nem morte nem vida, nem anjos nem demônios, nem o presente nem o futuro, nem quaisquer poderes, nem altura nem profundidade, nem qualquer outra coisa na criação será capaz de nos separar do amor de Deus que está em Cristo Jesus, nosso Senhor.

ROMANOS 8:38-39

"Saia dessa!" é uma das frases mais tolas que são ditas às pessoas queridas que estão deprimidas ou passando por um período de tristeza profunda. Você não acha que, se pudesse, a pessoa sairia do período nebuloso em um estalar de dedos? Ah, quem dera fosse tão fácil quanto bater um calcanhar no outro para voltar à terra da alegria e da diversão, como em O *Mágico de Oz*.

Porém, o que é útil para alguém que sofre de depressão? O que se pode dizer? Ou ainda mais importante: o que as pessoas que sofrem de tristeza profunda dizem a elas mesmas? Veja o que me ajudou e o que sempre me vem à memória quando necessito de um lembrete. Chamo essas frases simples de verdades para se apegar:

Deus me ama. Essa verdade nunca envelhece, e, às vezes, quando minha mente fica distorcida pela depressão, tenho a tendência de esquecê-la. Sim, *Deus me ama*, mesmo em meu estado depressivo. É maravilhoso saber que o Criador tem amor por mim, apesar de como me sinto neste momento. Deus me ama. Dizer estas três palavras durante o dia repetidas vezes pode ajudá-la a compreender e gravar essa verdade em sua mente, pode combater os pensamentos distorcidos que a depressão traz e lembrá-la que você é digna do amor do Pai.

E se Ele a ama tanto, o que você pode fazer para amar a si mesma? Como pode dar um passo em direção à cura total hoje? Pode ser algo pequeno, como um banho de chuveiro, vestir roupas bonitas e simplesmente se mostrar para o dia, ou fazer algo que vem adiando há tempos, como verificar se seu plano de saúde cobre sessões de terapia e aconselhamento ou ainda procurar opções grátis na comunidade.

Um passo. Uma forma de cuidar de sua alma, a alma que Deus ama.

Lembre-se de que o amor divino é grande, vasto e maravilhoso. Nada é capaz de nos separar do imenso poder do amor do Senhor. E, sinceramente, às vezes há muitas coisas para você agarrar. Mas tente envolver sua mente no amor dele. Tente procurar maneiras de sentir o amor de Deus. Tente lembrar que esse amor não muda por causa do que você faz ou deixa de fazer. Aceite de braços abertos o amor do Pai por você, seja qual for o momento que esteja atravessando.

Minha confissão
Deus me ama. Deus ama [preencha com seu nome e repita essa afirmação].

Você pode amar muito a si mesma porque Deus a ama muito.

Progresso, não perfeição

Comemore o primeiro passo que você deu hoje para amar a si mesma.

Deus de amor, sei que me amas e que Teu amor é maravilhoso. Sei que nada pode me separar do Teu amor. Ajuda-me a pensar em Teu amor durante o dia inteiro enquanto atravesso esta condição nebulosa, um passo por vez. Amém.

65 Gênesis 16:7-16

VERDADES PARA SE APEGAR (PARTE 2)

Este foi o nome que ela deu ao SENHOR,
*que lhe havia falado: "Tu és o Deus que me vê",
pois dissera: "Teria eu visto Aquele que me vê?"*
GÊNESIS 16:13

Outra verdade que acredito ser útil para se apegar durante os dias escuros e profundos da depressão é que Deus vê você. Ele sabe exatamente onde você se encontra e o que está atravessando. O Senhor vê você. Sim, você mesma! Não estou aqui para lhe oferecer remédio para sua condição, mas posso apontar para a Palavra de Deus e nossa história de fé para lembrar você da verdade. Olhe para Hagar.

Se não conhece sua história, ela se encontra em Gênesis, nos capítulos 16 e 21. Em resumo, Hagar era serva de Sarai (Sara), esposa de Abrão (Abraão). Por não poder engravidar, Sara pediu com insistência a seu marido que se deitasse com Hagar para gerar um filho. E porque a vida é como é, foi exatamente isso o que aconteceu. Mas ninguém ficou feliz.

Hagar desprezou Sara, e Sara desprezou Hagar (VEJA GÊNESIS 16:4). Digamos que a situação naquela casa não era nada boa, portanto, Hagar fugiu grávida, confusa e provavelmente com pouca esperança de um futuro promissor. Enquanto estava sentada perto de uma fonte no calor do deserto, um anjo apareceu para falar com ela e lhe contou algumas novidades. Disse que Deus ouvira a condição na qual ela se encontrava e que ela realmente teria um filho (v.11).

A notícia trazida pelo ser celestial deu esperança a Hagar. Ela se sentiu vista por Deus; percebeu que Ele não havia se esquecido dela e que sabia exatamente o que se passava, mas suas condições não mudaram imediatamente. O anjo lhe disse que voltasse e se sujeitasse a Sara, aquela que havia criado o problema (v.9). Agora, Hagar estava voltando e tinha uma verdade em que se apegar: Deus sabia exatamente onde ela se encontrava.

Quando os dias ficarem escuros e a esperança for embora, tente se apegar às palavras de Hagar: "Tu és o Deus que me vê" (v.13). Sinta alívio por saber que Deus vê e que Ele tem um plano.

Minha confissão
Apesar da minha condição, vou me apegar à verdade de que Deus me vê.

Deus sabe exatamente onde você está e do que você necessita.

Progresso, não perfeição
Leia a história de Hagar e tente imaginar as emoções que ela deve ter sentido. Como deve ter sido receber tal mensagem do anjo do Senhor? Como isso pode ajudar você a lembrar que Deus também a vê? Escreva seus pensamentos em um diário e releia-os quando precisar de um lembrete.

Deus que me vê, obrigada por me lembrares da verdade de que Tu me enxergas. Dá-me força para persistir até que minha condição mude. Amém.

Hebreus 10:22-24

VERDADES PARA SE APEGAR (PARTE 3)

*Apeguemo-nos com firmeza à esperança
que professamos, pois aquele que prometeu é fiel.*
HEBREUS 10:23

Acho que devo chamar esta parte dos devocionais de "O que sei com certeza". São as coisas nas quais amarro minha corda quando estou em dúvida. São as declarações firmadas em uma âncora nas quais posso descansar mesmo quando minha bússola parece estar descontrolada. São as garantias que tenho independentemente de como me sinto.

Deus é fiel. Sei que essa afirmação é verdadeira.

Posso fazer uma retrospectiva da minha vida e ver a mão de Deus me carregando nos tempos bons e nos tempos maus. Posso ver o Senhor abrindo caminhos onde não havia passagem, isto é, onde eu nem imaginava ser possível existir. Posso pensar nas "surpresas" que recebi ao decorrer da vida e que me ajudaram a passar por cima dos problemas. Posso até ver as ocasiões que poderiam ter sido muito pior do que foram, mas, ainda assim, fui poupada e saí daquele cenário de alguma forma. Posso ter algumas feridas, arranhões e cicatrizes, mas vejo como a mão protetora de Deus me manteve e continua me mantendo.

No início do meu casamento, meu marido disse que eu sempre devia lembrar que ele me ama. Disse que eu devia dar um nó ao redor dessa verdade e usá-la para lidar com outros pensamentos que eu tinha. Você sabe como a mente funciona. Quando foquei no fato de que meu marido me amava, as outras coisas deram certo, mesmo que isso provocasse uma discussão ou briga.

A fidelidade do Senhor é assim. Posso dar um nó ao redor desta verdade: Deus faz o que diz. O Pai me protege, me supre e me guarda. A maneira como Ele faz isso pode ser diferente da que eu espero, mas Ele continua presente.

Releia as histórias de seus personagens favoritos da Bíblia e acompanhe a fidelidade de Deus. Reveja os testemunhos de membros da sua família e observe a fidelidade de Deus. Faça uma retrospectiva da história de sua vida e pense nas maneiras como Ele apareceu e se manifestou, exatamente no tempo certo e especificamente para você.

Deus é fiel; sei muito bem disso: Ele é fiel! Oro para que você se apegue a essa verdade preciosa hoje enquanto atravessa o período de tristeza profunda e aguarda que o poder terapêutico do Senhor tome conta de sua mente.

Minha confissão
Deus é fiel

Tenha certeza disto: Deus é fiel.

Progresso, não perfeição

Acompanhe a fidelidade de Deus ao longo da sua vida. Amarre uma corda ao redor da fidelidade divina e repita essa verdade várias vezes para ajudá-la a atravessar períodos difíceis.

Deus fiel, declaro e decreto que és verdadeiramente fiel para mim. Permaneço firme em Tuas promessas e descanso na certeza de que estás comigo durante a travessia deste vale. Amém.

Mateus 28:20 — 67

VERDADES PARA SE APEGAR (PARTE 4)

E eu estarei sempre com vocês,
até o fim dos tempos.
MATEUS 28:20

A Grande Comissão, a mensagem de despedida que Jesus deixou aos seus seguidores, nos dá uma certeza e uma verdade às quais devemos nos apegar para salvar nossa vida, principalmente quando nossa mente é distorcida pelas pressões cotidianas e pela tristeza profunda.

As palavras do Mestre são uma promessa de que Ele está ao nosso lado enquanto terminamos a obra necessária aqui na Terra. Jesus ordenou aos discípulos que fossem e fizessem mais discípulos, seguidores dele. Nós somos essas pessoas, as que foram chamadas para seguir o caminho de Jesus. E Sua promessa de estar sempre com os discípulos também é para nós.

Seja o que for que esteja sentindo, você não está sozinha. Deus caminha bem ao seu lado. A depressão pode fazê-la se sentir totalmente isolada; você chega até a pensar que é a única pessoa que sofre e talvez imagine que não há esperança de dias melhores. Oro para que as palavras deste livro abram seus olhos para ver que isso é apenas uma distorção, e não a verdade.

Você não está sofrendo sozinha. Deus conhece e ouve suas orações; Ele conhece sua condição e sabe qual é a ajuda necessária. Enquanto procura tratamentos e estratégias para ajudá-la a se manter em movimento, caminhe com a certeza de que o Senhor está com você. Agarre-se a essa verdade com tudo o que você tem, para conseguir chegar ao próximo momento.

Fale diretamente com Deus; diga-lhe exatamente como se sente; compartilhe o que você acha que necessita e aguarde com expectativa as respostas. As promessas divinas são verdadeiras; vale a pena se apegar ao que o Senhor promete. Ele estará sempre com você, até o fim dos tempos.

Minha confissão
Sei que não estou sozinha; vou me apegar à promessa do Senhor de estar comigo.

Você nunca está sozinha, e Deus sempre cumpre Suas promessas.

Progresso, não perfeição
Caminhe durante este dia conversando com o Senhor e lembrando que você não está sozinha.

Deus fiel, sou muito grata por todas as Tuas promessas.
Sei que não estou sozinha mesmo quando sinto que estou.
Ajuda-me a caminhar e a falar contigo no decorrer
deste dia. Amém.

Mateus 19:25-27 — 68

SE DEUS FEZ ISSO ANTES...

*Jesus olhou para eles e respondeu:
"Para o homem é impossível, mas para Deus
todas as coisas são possíveis".*

MATEUS 19:26

Em meio à depressão, pode ser útil se apegar às verdades que você conhece, o conhecimento indiscutível que adquiriu ao longo dos anos. Como mencionei antes, essa condição pode distorcer os pensamentos. Você tem a tendência de exagerar tudo pela maneira como se sente. É difícil ver uma saída por causa das distorções, mas se você se apegar às coisas que sabe e conhece, isso pode ajudá-la, independentemente de como se sente no momento.

Algumas das verdades mais úteis que agarro procedem de músicas, porque as ouço nos dias nebulosos, embora nem sempre sinta vontade. O ato de ligar o aparelho de som ou de abrir minha *playlist* é um protesto contra minha batalha espiritual com a tristeza profunda. Tente fazer isso também! Assimilar mentalmente as verdades que considero certas, mesmo com uma visão distorcida, me dá esperança e entusiasmo e me lembra que a situação não permanecerá nebulosa para sempre.

Em sua música de grande sucesso *If He Did It Before* (Se Ele fez isso antes, tradução livre), Tye Tribbett* canta a plenos pulmões que Deus é o mesmo que realizou muitos milagres na vida das pessoas dos tempos bíblicos e continua a realizá-los em nossa vida hoje. Tribbett me lembra que, se o Senhor foi capaz de curar enfermos antes, Ele também tem capacidade para me curar. Se Deus levantou minha cabeça do estado de depressão antes, sei que Ele é capaz de fazer isso de novo. Essa música passou a ser a declaração que me dá esperança de dias melhores.

O próprio Jesus disse a Seus seguidores que algumas coisas parecem impossíveis para os seres humanos, e, em tempos de depressão profunda, a cura definitiva parece ilusória e impossível. Não temos ideia de como ou quando o bálsamo chegará para aliviar nossa dor. Mas o final do versículo de hoje aponta para o Deus a quem servimos; *todas as coisas* são possíveis para Ele.

Por isso, posso aguardar minha cura; posso prevê-la, mesmo com a ajuda daqueles que o Senhor providenciou, e com o discernimento que Ele me deu sobre o que posso fazer para ser curada por inteiro. Essa cura não é impossível, pois sei que Deus fez isso antes e fará de novo.

Minha confissão
Sei que todas as coisas são possíveis para Deus.

Às vezes, as verdades para nos apegarmos vêm da letra de uma música.

---

* N.T.: cantor, compositor e tecladista americano de música cristã, nascido em 1976.

Progresso, não perfeição

Ouça a música *If He Did It Before*, de Tye Tribbett*. Crie uma lista das coisas "impossíveis" que Deus fez em sua vida.

Deus amado, declaro que todas as coisas são possíveis para ti. Faço uma retrospectiva de minha vida e te agradeço pelas muitas vezes que me restauraste. Minha fé permanece firme em ti neste momento. Amém.

---

* N.E.: em português, sugerimos a canção *Deus de promessas*, de Davi Sacer.

69 Salmo 118

PROPÓSITO PARA HOJE

Este é o dia em que o S<small>ENHOR</small> agiu;
alegremo-nos e exultemos neste dia.

SALMO 118:24

Uma lição que aprendi enquanto lutava com a depressão, e ao refletir naqueles dias nebulosos mesmo durante a escrita deste livro, é que a depressão me faz ampliar tudo. E isso se aplica particularmente à maneira como me sinto.

Meus sintomas estão piores, com certeza. Não vou me sentir melhor tão cedo. Não consigo fazer nada. Nem sei como estou agindo agora. Cuidado! Essa voz dentro de sua cabeça vai levá-la a uma situação caótica e rapidamente.

Há uma música do Kirk Franklin cuja letra ficou gravada em minha mente e vem à tona principalmente nos dias que, em minha concepção, são os piores e quero eliminá-los da minha vida. Não por causa de uma tragédia, mas por causa da maneira exagerada que me sinto no momento. Uma frase me chamou a atenção no meio de uma música agradável e animada com uma mensagem para ajudar você a atravessar o dia, mas, ironicamente, quando a procurei, ela não aparece em nenhuma parte da letra da música.

Talvez essa frase só apareça como complemento em algumas versões, por ser muito vaga. Mas uma vez, eu a ouvi no momento certo, e ela permaneceu em meu espírito e mente, me dando o empurrão necessário nos dias realmente difíceis. Em algumas versões da canção *Smile* (Eu sorrio, tradução livre), de Kirk Franklin, ele diz que nem todos os dias são perfeitos como você gostaria que fossem, mas, mesmo nesses dias, pode haver um propósito.

Em meu modo de entender, aquelas palavras significam que cada minuto ou momento não precisa ser perfeito. O Senhor sabe que nada chega perto da perfeição quando nossa mente está distorcida e em estado depressivo. Mas isso também não significa que tenho de desperdiçar o dia ou o meu tempo. Algo pode estar acontecendo agora para me mostrar como prosseguir, para ajudar alguém no futuro; mesmo na condição rotineira, depressiva e entorpecida na qual me encontro, algo pode estar acontecendo

Não desperdice o dia de hoje só porque sente que nem tudo está perfeito ou que você não está bem. Pode haver um propósito emergindo dos sentimentos que acompanham a tristeza profunda. A cena pode estar se formando para uma história que você não percebeu que está contando. Essa é uma das maravilhas de Deus; nem sempre você sabe qual é o plano dele, mas pode confiar que Ele está ativo e trabalhando, mesmo quando você se sente no pior momento.

Este dia pode ter um propósito, não importa como você se sinta. Não desperdice o que está acontecendo agora e que vai trazer cura completa e bem-estar. Passe pelo processo sabendo que Alguém maior que você está no controle, trabalhando. Lembre-se dessa verdade durante o dia e veja se é capaz de encontrar propósito e motivo para se alegrar hoje.

Minha confissão
Há um propósito até no dia de hoje, mesmo que eu não o veja.

Não desperdice o que está acontecendo hoje e que produzirá cura completa e bem-estar apesar de como você se sente.

Progresso, não perfeição
Tente meditar em tudo o que Deus fez, para que você possa louvá-lo hoje. Leia o Salmo 118 para inspirá-la.

Deus poderoso e misericordioso, obrigada por este dia e por tudo o que ele reserva. Mesmo quando não me sinto bem, sei que estás no controle e és capaz de trabalhar por meu intermédio hoje. Obrigada porque sempre tens um plano e sempre abres um caminho. Amém.

Salmo 38 — 70

UMA SÚPLICA A DEUS

Senhor, não me abandones! Não fiques longe de mim, ó meu Deus! Apressa-te a ajudar-me, Senhor, meu Salvador!
SALMO 38:21-22

Às vezes apenas balanço a cabeça quando penso em todas as vezes que ouvi cristãos dando opiniões sobre a depressão com as quais não concordo de maneira alguma. Eu poderia repetir algumas neste momento, mas tenho certeza de que você já as ouviu, inclusive algumas que listei anteriormente neste livro. O que não entendo é como tais pessoas, que falam contra a depressão e dizem que nunca devemos ser oprimidas pela ansiedade ou tristeza profunda, são capazes de explicar alguns versículos da Bíblia proferidos por pessoas de fé, como o salmo de hoje.

Cuidado, se você ler todo o Salmo 38, ficará esmorecida. Meu Deus, como ele é pesado! E essas palavras saíram da boca de Davi, o amado homem de fé a quem o Senhor fez e cumpriu muitas promessas. Entre elas podem destacar principalmente a de que sua família reinaria sobre Israel para sempre, algo que se cumpre quando recebemos o dom de Cristo (VEJA 2 SAMUEL 7:13). Amém!

No Salmo 38, Davi está em má situação. Nenhum comentário bíblico diz exatamente o que aconteceu, mas o rei derrama seu coração ao Senhor. Davi está angustiado, arrependido de algum pecado ou culpa, algo que acontece conosco com frequência. Não que nossa depressão esteja automaticamente ligada ao pecado, mas certamente não custa nada confessar a Deus e aos outros. Parece que o estado emocional de Davi causou impacto em seu corpo, como ele próprio diz: "todo o meu corpo está doente" (v.7).

Você já sabe que nossas emoções podem causar impacto em nosso corpo, o que é outro motivo para procurar cura e bem-estar. Muitas vezes carregamos a angústia por muitos anos e ela está diretamente relacionada a outros problemas de saúde. Assim, passamos a viver em um ciclo, deprimidas por causa de nossas emoções, o que causa impacto em nosso corpo e acentua a tristeza profunda.

Neste salmo, Davi se sente surdo e mudo. Sente que suas palavras estão caindo no vazio. Até os amigos lhe viraram as costas. Ele é mal compreendido, embora tente fazer o bem. A situação é muito complicada e difícil, porém mesmo depois de expressar todos esses sentimentos, ele nos diz no que devemos nos agarrar em meio à escuridão profunda. Trata-se de uma verdade que Davi conhecia muito bem e que nós também conhecemos.

Clame a Deus e peça-lhe que venha rápido e traga o que você necessita para seguir em frente. Até então, saiba que você não está sozinha; na verdade, está em boa companhia. Muitas pessoas de grande fé permaneceram firmes durante alguns momentos realmente difíceis e escuros e conseguiram atravessá-los. Você pode fazer o mesmo.

Minha confissão
Posso atravessar a noite escura.

Pessoas de fé sofrem de depressão.

Progresso, não perfeição
Leia o Salmo 38. Como você se identifica com Davi?

Senhor e Salvador, envia-me ajuda rapidamente. Preciso de ti neste momento. Dá-me exatamente o que necessito para que eu possa atravessar este momento de escuridão e ser totalmente curada. Amém.

71 Mateus 6:9-14

UM PASSO POR VEZ

Dá-nos hoje o nosso pão de cada dia.
MATEUS 6:11

Quer você goste muito ou não de Tyler Perry, quer considere ridículos os seus filmes ou tenha encontrado alívio na veia cômica de Madea*, recebi muita inspiração de suas produções, principalmente *Diário de uma louca*, estrelado por Shemar Moore e Kimberly Elise. Assisti a esse filme durante várias semanas, ou meses, de depressão.

Não tenho certeza se meu abatimento foi causado pelas circunstâncias ou se foi um daqueles momentos de tristeza profunda que duram mais que o normal. Só sei que estava sozinha em meu apartamento assistindo à história das encrencas e tumultos pelos quais Helen, personagem interpretada por Kimberly Elise, estava passando. O marido a traía, a tratava como lixo e se divorciou dela. Helen lutou para se encontrar e encontrar força depois de ter se agarrado tão firme ao conto de fadas que criou em sua mente.

Com a ajuda da avó Madea e de sua mãe, interpretada pela fabulosa Cicely Tyson, além de muita oração e desabafos em seu diário, Helen juntou os cacos de sua vida e encontrou força

---

* N.T.: personagem interpretada por Perry no filme mencionado.

para conseguir um emprego, se sustentar e seguir em frente. Na cena que me impressionou, ela estava escrevendo em seu diário e disse que, quase todos os dias, não queria sair da cama: "Algumas pessoas dizem: 'um dia por vez'. Isso parece longo demais para mim. Na maioria dos dias só consigo dizer: 'momento após momento'". Eu poderia ter gritado ali mesmo como se estivesse em um culto de adoração.

É claro que o fato de a trilha sonora estar no ponto certo e Helen ter se encontrado mais uma vez com a personagem interpretada por Shemar Moore na cena seguinte podem ter potencializado minha reação. Mas, falando sério: ela estava certa. Um dia por vez parece um tempo longo demais quando estamos nos afogando na tristeza profunda. Às vezes, temos de viver momento após momento. Por isso, foque em um momento por vez. A depressão pode distorcer seu pensamento a ponto de você se sentir sobrecarregada com tudo o que aparentemente está contra você. Você vai fazer isto ou aquilo? Pode ser que você seja como a personagem interpretada por Elise ou como eu: um passo por vez, momento após momento.

Uma das minhas colegas de trabalho colocou este provérbio em seu escritório: "Como você come um elefante? Com uma mordida por vez". Essas palavras sempre me lembram que preciso fazer as coisas dando um passo por vez. Às vezes esses passos podem ser sair da cama e fazer o mínimo necessário. Em outros dias, podem ser buscar ajuda, caminhar ao ar livre ou até organizar um armário que está incomodando você há muito tempo, ou criar um espaço de trabalho acolhedor para ajudá-la a atravessar períodos de falta de criatividade.

Seja misericordiosa com você mesma e dê um passo por vez. Ore a Deus para que Ele a ajude a saber que passo dar.

Inspire e expire e dê um passo após outro para conseguir realizar a tarefa. Não se preocupe com a próxima; confie em mim, ela vai estar lá. Por hoje, que Deus lhe conceda o que você necessita para cumprir a tarefa, para chegar lá, um passo por vez.

Minha confissão
Vou dar um passo por vez.

Como você come um elefante? Com uma mordida por vez.

Progresso, não perfeição
Encontre um ditado, uma meditação, para lembrá-la de fazer as coisas dando um passo por vez.

Pai celeste, vou fazer as coisas um passo por vez. Não vou focar no amanhã. Mostra-me o próximo passo e me ajuda a aproveitar este dia. Amém.

Salmo 84:10-12

A VONTADE DE DEUS

O Senhor Deus é sol e escudo; o Senhor concede favor e honra; não recusa nenhum bem aos que vivem com integridade.
SALMO 84:11

Encontrei o versículo de hoje durante um período particularmente problemático de minha vida. Eu havia orado tanto sobre um assunto que provavelmente desisti e parei de orar por ele. Sabe quando algumas orações se tornam uma parte tão grande de quem você é que você não sabe ao certo quando parou de levar seus desejos a Deus?

Bom, esse versículo falou ao meu coração, pois diz que o Senhor não recusará nenhum bem a mim. Portanto, em minha mente humana, achei que eu teria todas as coisas boas que desejasse. Lutei com essa passagem por um tempo, pois tenho idade suficiente para saber que não recebemos tudo o que pedimos em oração, o que, em alguns casos, também pode ser uma bênção.

Porém, no fundo, enquanto lutava com a depressão, e continuo lutando, não pude deixar de pensar que ter uma mente e uma alma sadias é bom e faz parte da vontade de Deus. Acredito que Ele não deseja me ver deprimida e lutando com a ansiedade. Penso que a tristeza profunda não é benéfica, mas também penso que a cura deve ser.

Assim, quando estou lutando, perguntando *Até quando, Senhor?*, e tentando todas as formas de ajuda disponíveis durante esses dias, guardo esse versículo na mente. Não tenho as respostas, e o Pai sabe que não tenho o poder da cura, mas o fato de saber que Ele não recusa nenhum bem a mim me dá esperança.

Não sou isenta de culpa, mas sou perdoada porque creio em Cristo. Esse versículo me faz lembrar de não me considerar fora da luta, pois há algo bom se desenvolvendo mesmo quando me sinto tão mal. Creio que a cura plena existe e que ela faz parte da vontade de Deus, por isso, vou buscar cura e ajuda durante os períodos difíceis.

Repito constantemente: *Ele não recusa nenhum bem a mim.* Procuro coisas boas no meio das dificuldades, aguardo, oro e espero receber a cura total. Levo a sério a Palavra de Deus.

Minha confissão
Creio que a cura plena é algo bom.

Deus não recusa nenhum bem a mim.

Progresso, não perfeição
Faça uma lista das coisas boas que Deus não recusou a você no passado. Use-a para lhe dar a esperança de ser curada.

Deus que cura, espero ser curada por inteiro. Mostra-me os caminhos que traçaste para mim para que eu possa receber cura enquanto lido com esta dificuldade. Amém.

Romanos 8:12-17 — 73

O TÉDIO E A TRISTEZA PROFUNDA

A vida da ressurreição que vocês receberam de Deus não é vazia. Nela há uma constante expectativa de aventura, que sempre pergunta para Deus: "E agora Pai, o que vamos fazer?", como as crianças fazem. O Espírito de Deus entra em contato com nosso espírito e confirma nossa identidade. Sabemos quem ele é, e sabemos quem somos: Pai e filhos. Sabemos também que vamos receber o que está por vir — uma herança inacreditável! Iremos passar pelo que Cristo passou. Se enfrentamos momentos difíceis com ele, então é certo que com ele passaremos momentos inesquecíveis!

ROMANOS 8:15-17 (MSG)

Certa vez, alguém me contou que um grupo de amigos queridos e atenciosos lhe deram um conselho útil quando ele estava passando por uma crise de tristeza profunda. Sim, às vezes as pessoas são úteis; pegue o que é melhor para você e deixe o resto de lado. A maioria das pessoas quer o melhor para você, mesmo que não saibam o que falar durante seus períodos mais difíceis.

Os amigos sábios disseram que ele precisava ter um sonho de vida que gostaria de ver concretizado. Basicamente, estavam sentindo que a tristeza profunda do amigo se originava do tédio que chega sem avisar quando estamos vivendo normalmente, realizando as tarefas rotineiras e monótonas do dia a dia.

Às vezes, nos concentramos tanto em conseguir chegar ao fim do dia, ao fim deste momento, trabalhando, cuidando dos outros, terminando o curso escolar, conseguindo um emprego e muito mais, que nos desgastamos com o agora. Perdemos a esperança e o desejo de outras coisas. Perdemos o entusiasmo que também faz parte da vida.

Recorro à versão bíblica *A Mensagem*, no trecho de Romanos 8, para ter inspiração. Gosto muito da imagem mental que faço de mim dizendo: "E agora, Paizinho?" como se estivesse aguardando uma nova aventura, uma nova experiência e uma nova jornada. E não se trata de uma jornada que faço sozinha. Estou perguntando a Deus o que vem depois. Estou imaginando-o como "capitão de navio cruzeiro" que está realmente no controle de minha vida e tem alguns planos para mim. No entanto, já sou bem adulta para saber que todas essas experiências podem não parecer divertidas a princípio; contudo, com Deus elas podem ser uma aventura verdadeira.

O ponto principal para mim é que estou com o Senhor. Estou viajando pela vida com alguém maior e melhor que eu, e há muita emoção apenas na viagem. Portanto, enquanto termino as tarefas rotineiras do dia que tenho diante de mim, olho também para o outro lado da esquina e pergunto ao meu Paizinho o que vem a seguir. Que aventuras estão adiante de mim que posso perder se não mantiver uma atitude de expectativa? O que preciso fazer para abrir os olhos e o coração? Poderia ser apenas a próxima pessoa que eu encontrar ou servir? Ou já estaria aqui, aguardando que minha mente e meu espírito a percebam?

Pelo que você está aguardando ansiosamente? Pode ser a tarefa de hoje ou algo no futuro. É uma ótima ideia sempre ter algo para aguardar com grande expectativa e manter os olhos, ouvidos e coração abertos à aventura que Deus pode estar programando para você.

Minha confissão
Tenho muitas coisas pelo que aguardar com grande expectativa. Estou em uma jornada com Deus.

Encontre ocasiões para antever e aguardar o que o futuro lhe trará.

Progresso, não perfeição
Comece uma lista respondendo à pergunta: O que tenho aguardado com grande expectativa? Lembre-se de que pode ser algo muito pequeno, como um dia de folga, ou muito grande, como o casamento de uma pessoa da família ou uma viagem. Como você vai ter certeza de que Deus está dirigindo a jornada?

Deus do meu passado, presente e futuro, dá-me olhos para aguardar não apenas o que planejaste para mim na eternidade, mas também o que está perto de mim. Ajuda-me a antever dias agradáveis de comunhão e entretenimento. Amém.

74 Salmo 107:1-3

LEMBRANÇAS

*Assim o digam os que o SENHOR resgatou,
os que livrou das mãos do adversário.*

SALMO 107:2

Nos últimos anos, parece que o mundo editorial foi bombardeado com livros de um gênero conhecido como *memoir* (memórias). Todos estavam fazendo uma retrospectiva da vida e compartilhando histórias sobre o que aconteceu com eles. Pessoas famosas, assim como as que não tinham muitos seguidores, começaram a rememorar a vida e contar suas histórias.

Quando passei a fazer um trajeto mais longo, recorri à Audible* para passar o tempo durante meus demorados percursos no trânsito. Em minhas caminhadas, eu também esperava ansiosamente por uma versão autobiográfica de uma pessoa famosa. Minhas andanças se tornavam mais atrativas quando eu sabia que alguém estava aguardando para me contar uma história.

Enquanto ouvia pessoas famosas repensando e refletindo na própria vida, eu fazia o mesmo. O relato sobre o nascimento

---

* N.T.: empresa que produz e vende *audiobooks*, programas de rádio e televisão, *podcasts* etc.

ou momentos importantes da infância delas me faziam pensar na história de meu nascimento. O que meu pai e minha mãe pensaram quando eu nasci? Que mensagens recebi sobre meu nascimento durante a infância? Essas histórias me ajudaram a processar a razão pela qual penso da maneira como penso, por que reajo da maneira que reajo e o que eu precisava fazer para identificar motivos e momentos capazes de produzir outras preocupações mentais problemáticas.

Encorajo você a pensar em sua história, quer tenha a intenção de escrevê-la e publicá-la, quer não. Faça a si mesma algumas das perguntas que as pessoas famosas estão fazendo ao descobrir partes do passado delas. Que histórias significativas definiram você? Tenho certeza de que algumas não serão alegres e talvez necessite de ajuda para lembrá-las de maneira saudável, mas penso que a jornada será útil. Quando nos esforçamos, podemos descobrir os motivos que produziram tristeza profunda em nós ou nos forçaram a recordar coisas ou eventos em determinadas épocas do ano.

Conhecer melhor a si mesma é um resultado saudável de caminhar na estrada da depressão. Pode abrir as portas de sua alma que estavam trancadas. Talvez sua alma aprisionada necessite ser liberta. Talvez as coisas trancadas necessitem ser colocadas em ordem e substituídas por ferramentas para ajudar no seu bem-estar.

Minha confissão
Vou refletir em minha vida para ter saúde e bem-estar.

Nossas histórias ajudam a definir quem somos, como nos vemos e como vemos o mundo.

Progresso, não perfeição

Quais são as histórias importantes que definiram você? Lembre-se delas e reflita.

Deus dos meus anos tranquilos, sei que conheces tudo sobre mim e minha vida. Enquanto reflito sobre meus anos, dá-me sabedoria e discernimento para lidar de maneira saudável com as histórias que compõem minha vida, para que produzam bem-estar. Amém.

João 8:27-33 — 75

A VERDADE A LIBERTARÁ

E conhecerão a verdade, e a verdade os libertará.
JOÃO 8:32

Talvez a sugestão de pensar no que existe em nossa memória não seja um exercício fácil para muitas pessoas. Nosso passado pode ter alguns buracos escuros e lugares que preferimos não revisitar, mas descobri que uma das soluções para lidar com minha turbulência interior é aprender mais sobre mim, falar abertamente sobre meus medos, fracassos, criação, família, arrependimentos e assim por diante.

Dizer o que realmente sinto e penso é útil para manter uma vida saudável e ajuda a expor algumas coisas que podem causar comportamentos prejudiciais. Quando você consegue olhar dentro de si mesma sem mentir nem tentar encobrir o que considera vergonhoso, é bem possível enfrentar algumas realidades.

Esse não é um lugar de julgamento; não há espaço para pensamentos negativos ou autocondenação que frequentemente surgem quando olhamos dentro de nós. Desta vez, lembre-se de que a aventura em busca da verdade se destina a ajudá-la e libertá-la. Você não está percorrendo a estrada da memória para culpar alguém, inclusive você mesma.

O objetivo é saber por que você reage da maneira que reage e por que pensa da maneira como pensa. Não é necessariamente um tempo de mudança. Reconhecer é o primeiro passo para confrontar algumas coisas boas, más, e até feias. Por mais assustadora que a verdade seja, saiba que ela pode libertá-la.

E a verdade é, de fato, libertadora, bela e um ótimo caminho rumo à cura.

Minha confissão
Quero ser livre.

A verdade pode ser revelada e libertá-la quando você olha dentro de si mesma.

Progresso, não perfeição
Que passos você precisa dar para descobrir verdades? Comece hoje.

Deus da verdade, desejo saber mais sobre mim e tudo o que me causa impacto. Dá-me força para fazer o trabalho difícil de descobrir a verdade nesta jornada que me libertará. Quero ser livre. Amém.

Eclesiastes 7:8-10 — 76

AH, AS EMOÇÕES...

Não permita que a ira domine depressa
o seu espírito, pois a ira se aloja no íntimo dos tolos.
ECLESIASTES 7:9

Emoções podem ser meio estranhas. Tenho trabalhado em controlar as minhas enquanto aprendo a lidar com dias cinzentos. Essa é uma tarefa para a vida toda, repleta de começos e interrupções. As circunstâncias da vida, como o estresse ou uma pandemia, bem como acontecimentos importantes como a chegada da menopausa, que é o meu caso, podem fazer as emoções oscilarem. Mesmo assim, sei que tenho que continuar lidando com as minhas.

Desejo que meu corpo e minha mente tenham a melhor saúde possível. Faço exercícios e tento escolher bons alimentos para a minha saúde física; também tomo remédio todos os dias para alguns problemas diagnosticados, a fim de ter saúde e permanecer saudável. Sei que necessito ter a mesma disciplina e fidelidade no que se refere à saúde mental, e ouso dizer que nós, que vivemos em sociedade, precisamos colocar a saúde mental acima da saúde física em termos de prioridade.

Controlar nossas emoções é uma parte importante da saúde mental. Quando digo "controlar", me refiro a ser capaz de parar e refletir sobre o que causou a emoção que sinto no momento. No entanto, isso não a leva embora. Se estou irada, não basta identificar o culpado ou o motivo da ira para me acalmar, mas identificar o culpado certamente ajuda a canalizar minha energia para aquela circunstância.

Pergunto a mim mesma se há algo que posso fazer no momento para aliviar o problema. Se sim, ponho a ideia em ação; se não, penso em outras maneiras de lidar com a emoção no presente imediato e no futuro; e posso elaborar um plano, formalmente ou só em minha cabeça, para encontrar uma solução. Sei que nem sempre serei capaz de resolver os problemas rapidamente. Terei de conviver com alguns, o que também faz parte de controlar as emoções.

Sei que quando não controlo o que sinto, tenho que lidar com as consequências das atitudes que tomo. Já tive muitos acessos de raiva nos quais disse e fiz coisas das quais me arrependo. Sei que se eu não lidar com as emoções quando elas aparecerem, reações negativas vão surgir. No entanto, cada dia que as emoções se manifestam — ou melhor, todos os dias — continua a ser um desafio.

O sábio mestre diz em Eclesiastes que a ira se aloja no íntimo dos tolos. Ela não deve permanecer por muito tempo em nosso corpo e mente, pois quando permanece, pode nos deixar mais deprimidas ou tristes. Quando não lidamos com a ira de maneira saudável, as consequências são piores do que as que conhecemos.

Você costuma fazer uma autoanálise com regularidade, várias vezes por dia, para saber como e o que está sentindo? Você busca ligar o sentimento a um motivo? Vale a pena tentar fazer esse exercício para ajudá-la a ter e conservar sua saúde mental.

Minha confissão
Vou continuar me esforçando para controlar o que sinto.

Para controlar as emoções, é preciso ser capaz de parar e refletir no que fez a emoção vir à tona.

Progresso, não perfeição
Faça uma autoanálise hoje: Que emoção você está sentindo? Por quê?

Amado Senhor, quero ser saudável e ficar plenamente curada. Ajuda-me a identificar a origem de minhas emoções para que eu possa lidar com elas de maneira positiva. Sei que és capaz de me ajudar. Amém.

77 Provérbios 27:7-12

A BOA MUDANÇA

O prudente percebe o perigo e busca refúgio;
o inexperiente segue adiante e sofre as consequências.
PROVÉRBIOS 27:12

Ao tentar controlar suas emoções e usar várias ferramentas de saúde mental, também acho importante não subestimar o preço que a mudança cobra do organismo. Muitas de nós sabemos que envelhecemos e mudamos fisicamente, mas e as circunstâncias da vida e os efeitos que elas nos causam? Até a boa mudança pode causar alteração nas emoções e no bem-estar.

Em meu primeiro emprego em tempo integral, a diretora de recursos humanos compartilhou comigo a importância de abrir espaço para esse tipo de emoção relacionada à boa mudança. Depois de revisar todas as mudanças pelas quais passei dentro de um curto período, ela disse rapidamente: "Você se formou na escola. Mudou-se para uma nova cidade e novo estado. Conseguiu um novo emprego. Foram muitas mudanças. Não se esqueça de se cuidar um pouco mais durante este tempo. Não descarte o impacto de uma boa mudança".

Enquanto ela falava sobre minhas mudanças, fiquei bem surpresa. Ela estava certa; eu havia passado por mudanças importantes, inclusive algumas que ela desconhecia.

Mesmo quando são desejadas e procuradas, mudanças como essas contribuem para grande estresse e oscilação emocional. Quando não paramos para tomar um cuidado especial durante esses períodos, mesmo os de boa mudança, o resultado emocional pode nos surpreender.

É aqui que a prática da autoavaliação rotineira pode ajudá-la. Uma vez por semana, por mês ou, se for possível, todos os dias, pare e pergunte a si mesma como está indo, como se sente e o que está estimulando suas emoções atuais. Como você pode ter certeza de que identificou tudo o que sente e sentiu e dar a si mesma o cuidado necessário? As pessoas prudentes, diz Provérbios, analisam onde estão e avaliam o que é necessário.

Não se esqueça de cuidar de você na mudança boa ou ruim, pois ela acontece, é inevitável, bem como as emoções que acompanham essas alterações em nossa vida.

Minha confissão
Vou fazer uma autoavaliação para controlar minhas emoções, principalmente em tempos de mudança.

A mudança é inevitável — até a boa mudança.

Progresso, não perfeição
Pratique fazer uma autoanálise e verificar suas emoções. Quando sentir uma emoção surgindo, pare e reflita sobre o que causou a emoção e como você pode agir de maneira saudável.

Pai celestial, lembra-me de ser gentil comigo mesma, principalmente durante tempos de mudança, mesmo da boa mudança. Ajuda-me a segurar Tua imutável mão com firmeza e reconhecer que só Tu és constante em minha vida. Amém.

78 Romanos 12:1-8

DIAS DIFÍCEIS

Não se amoldem ao padrão deste mundo,
mas transformem-se pela renovação da sua mente,
para que sejam capazes de experimentar e comprovar
a boa, agradável e perfeita vontade de Deus.
ROMANOS 12:2

Parece que os *challenges* (desafios da internet) começaram poucos anos atrás. Pode ter sido a "viralização" das redes sociais que nos levou a aceitá-los. Fomos desde despejar água em nós mesmas a fazer agachamentos diariamente por um mês. Desafios de todos os lados vieram à tona como uma forma de nos ajudar a escolher hábitos saudáveis e mantê-los por no mínimo 30 dias.

Eu adoraria propor outro desafio, um que faço a mim mesma quando tento transportar minhas emoções para um lugar saudável. Eu me desafio a ver algo diferente ou novo todos os dias; a transformar os pensamentos negativos em positivos assim que eles invadem minha mente; a agradecer pela terça, quinta-feira, ou o dia que for, e dizer em voz alta todas as minhas bênçãos. Quando procuro encontrar bênçãos pelas quais agradecer, sou forçada a reconhecer muitas coisas a que não costumo dar valor: Ah, a água corrente; o carro para dirigir; a criança para cuidar; o dinheiro para pagar as contas…

Sim, esses desafios podem ampliar seus horizontes e essa é a finalidade deles. Eles também querem nos forçar a pensar de modo diferente e assumir o propósito de mudá-los pode ser suficiente para ajudar você a atravessar o dia. Durante algum tempo, você não se concentrará no entorpecimento ou no desânimo que sente; ao contrário, tentará encontrar beleza no dia, contar as bênçãos ou ver o lado positivo das coisas.

Você pode criar um desafio para durar o tempo que quiser. Escolha algo em que focar, que seja desafiador para você, e encare-o. Seja criativa e sinta alegria por se esforçar para ver as coisas de modo diferente hoje. Se não conseguir, tudo bem. Tente amanhã de novo. Mude o desafio. Não desista. Se conseguir, bem, terá mais uma coisa da qual vai poder se orgulhar e se sentir vencedora.

Sim, você venceu mais um dia, talvez com mais gratidão no coração e mais consciência do que está ao seu redor. Agarre sua vitória, principalmente em tempos de dias cinzentos. E não se esqueça de comemorar. Se costumamos nos censurar quando estamos desanimadas, por que uma pequena comemoração não valeria a pena?

E então, qual é o seu desafio para hoje?

Minha confissão

Vou me desafiar a _____ (preencha com seu desafio) hoje.

Concentrar-se em mudar seus pensamentos pode ser um desafio que vale a pena aceitar.

Progresso, não perfeição
Planeje cumprir seu desafio hoje. Verifique seu progresso ao longo do dia.

Deus de tudo e de todos, dá-me nova visão para enxergar os desafios como oportunidades para eu conseguir mudar meu modo de pensar. (preencha com seu desafio)
_____ .
Ajuda-me e orienta-me. Amém.

Lucas 22:14-20 — 79

RITUAIS

Tomando o pão, deu graças, partiu-o e o deu aos discípulos, dizendo: "Isto é o meu corpo dado em favor de vocês; façam isto em memória de mim".

LUCAS 22:19

Nós, cristãos, estamos familiarizados com a Santa Ceia. É o momento que separamos para lembrar o sacrifício de Jesus Cristo. Comemos o pão, o símbolo do corpo de Cristo que foi partido por nós; tomamos vinho ou suco de uva para refletir sobre o precioso sangue derramado para que você e eu pudéssemos ser perdoadas de nossos pecados. Que graça maravilhosa é comemorar, sempre que possível, o sacrifício do Salvador.

A Ceia do Senhor me traz à memória o significado de muitos rituais diferentes que realizamos rotineiramente e, para ser bem sincera, às vezes sem pensar. Geralmente, sabemos que eles nos fazem bem e os realizamos só porque estamos acostumados. Nós os fazemos com tanta frequência que não precisamos pensar muito neles. Escovar os dentes, arrumar a cama e até orar são atos que realizamos sem ter de pensar muito.

Creio ser importante manter esses rituais durante os períodos de depressão. Mesmo que você sinta que não recebe muita coisa em troca, mantenha-os. Para começar, eles dão à sua vida um senso de normalidade; quando você perde o controle, a rotina pode lhe proporcionar um pouco de conforto do qual você não se dá conta. Continue também orando e buscando a Deus, não importa como se sinta.

Faça suas orações no mesmo horário todos os dias, mesmo as escritas ou memorizadas como a do Pai Nosso. Seja constante, seja fiel, mesmo quando for difícil se concentrar e transformar esse ato em rotina. As Escrituras nos lembram que o Espírito Santo também pode orar por nós, interpretando nossos gemidos, portanto, nem sempre as palavras são necessárias (veja dia 85).

Outro motivo para realizar rituais é porque seu significado nos lembra de como as coisas devem ser. Minhas orações a Deus não significam que tudo está bem; elas me lembram de que estou orando Àquele que é capaz fazer tudo ficar bem. As passagens das Escrituras que repito não significam que tudo está em ordem, mas me lembram daquele que é capaz de pôr tudo em ordem e que de fato fez isso no passado.

Sua mente e seu corpo vão começar a se adaptar aos seus rituais, ao que você faz. E essa rotina pode ajudá-la quando você não sentir vontade de realizá-los.

Minha confissão
Vou seguir um ritual hoje.

Os rituais me lembram de como as coisas devem ser.

Progresso, não perfeição
Escreva ao menos dois rituais que vão fazer parte do seu dia a dia. Realize-os.

Senhor de tudo e de todos, eu te agradeço pelo que fizeste no passado, principalmente por ofereceres Cristo, que pagou o preço dos meus pecados. Ajuda-me a usar rituais para me lembrar da Tua fidelidade enquanto atravesso este período. Amém.

80 Gálatas 6:1-6

AJUDE ALGUÉM

Levem os fardos pesados uns dos outros e, assim, cumpram a lei de Cristo.

GÁLATAS 6:2

Em minha jornada pela vida, ao lidar com a depressão, ler muitos artigos e prestar atenção à maneira como tratamos as doenças mentais, bem como o que as pessoas dizem aos que sofrem de tristeza profunda, tenho ouvido muitas coisas controversas e insensíveis. Nos círculos cristãos principalmente, tenho ouvido que devemos parar de pensar em nós mesmas e ajudar os outros: Pare de pensar em seus problemas e se concentre nos problemas de alguém; acho que é isso o que eles querem dizer.

No entanto, é nesse conselho, que considero extremamente insensível e desinformado, que encontro também um vestígio de ajuda. A insensibilidade e a ignorância em primeiro lugar: Por que você acha que conhecer os problemas de alguém pode ajudar com os meus? A tristeza profunda, a depressão e a ansiedade se originam de vários motivos e, às vezes, de nenhum. Além disso, há tratamentos para depressão, não cura.

Manifestar nosso julgamento, até em relação a nós mesmas, sobre o motivo de nossa depressão pode nos ajudar a se compadecer não apenas de nós, mas também dos que sofrem à nossa volta. Manifestar nossas falsas ideias a respeito de curas, não de tratamentos, pode nos dar a compaixão necessária para vencer mais um dia e dar novos passos em direção a cura completa em vez de recuar de vergonha.

Agora a coisa boa: o vestígio de ajuda naquele conselho para parar de pensar em você. Embora ajudar os outros não elimine nossos problemas e lutas, pode nos ajudar quando lidamos com a tristeza profunda. Veja bem, quando se dedica a cuidar dos outros, você lembra que tem um propósito. Esse cuidado pode ser atender à necessidade de alguém de modo tangível ou colocar um sorriso no rosto de outra pessoa.

Isso pode fazer você sorrir também, mesmo que por um momento; vai lembrá-la de que todos nós estamos tentando triunfar neste mundo, e saber que você não está sozinha é muito bom. Embora comparar problemas não seja útil, suprir uma necessidade e compartilhar uma solução tangível pode vir a ser.

Para ser franca, às vezes, quando meus pensamentos ficam distorcidos, só penso no mal-estar terrível que sinto e começo a perder a esperança, sem saber quando e como vou me sentir melhor ou ser curada. Livrar-se desses pensamentos e focar em outro lugar, mesmo que por pouco tempo, pode ajudar você e outra pessoa, assim todos saem ganhando, além de ser uma das nossas missões como seguidoras de Cristo.

Carregar o fardo de outra pessoa é cuidar dela. Carregar o fardo de outra pessoa é ser semelhante a Cristo.

Minha confissão
Vou procurar meios tangíveis de ajudar outra pessoa hoje.

Ajudar os outros pode ajudar você, mesmo que por um momento.

Progresso, não perfeição
Faça isso: ajude alguém hoje.

Pai celestial, abre meus olhos às necessidades dos que me rodeiam. Concede-me vontade, força e capacidade para ajudar alguém hoje. Amém.

Gálatas 6:7-10

NÃO DESISTA

*Portanto, não nos cansemos de fazer o bem.
No momento certo, teremos uma colheita
de bênçãos, se não desistirmos.*

GÁLATAS 6:9 (NVT)

Faço dieta para emagrecer. Bom, digamos que costumo fazer dieta para emagrecer. Estou mudando minha atitude mental e tenho tido sucesso nisso. Também estou mudando as palavras que uso para descrever meus hábitos. Veja bem, durante toda a minha vida adulta, talvez até na infância, recorro à comida quando estou triste, brava, estressada ou alegre. Dizem que isso se chama fome emocional. E depois que passei a sofrer de depressão silenciosamente por muitos anos, imagine o que essa fome emocional fez com meu peso e, mais importante ainda, com minha saúde.

Entretanto, encontrei uma verdade e ajuda preciosas em cada dieta que tentei fazer e uma das lições que aprendi em uma delas foi a não desistir. Quando sair da dieta, não jogue a toalha nem continue a comer o que quiser, pois, no meu caso, isso me levou a comer compulsivamente e não só recuperei o peso que havia perdido como engordei ainda mais. Não; precisei encarar aquele momento em que saí dos trilhos exatamente pelo que ele era: apenas um momento.

Em minha nova atitude mental, percebo que comer bem e fazer as escolhas certas é um estilo de vida, não um plano para perder peso. Quero fazer escolhas saudáveis pelo resto da vida, não durante as três semanas que me comprometi a seguir um plano alimentar, gastei dinheiro em um seminário, ou encontrei uma maneira de contar as calorias. E quer saber? Para me comprometer com esse movimento de integralidade, no qual também desejo ser mentalmente saudável, é necessário ter essa mesma mentalidade: Não posso desistir.

Não posso parar de lutar para ter saúde e bem-estar. Se passo por um mau momento, necessito tratá-lo como ele é: um mau momento. Talvez eu tenha voltado a um hábito antigo e prejudicial; talvez eu sinta que estou em um buraco do qual não consigo sair. Mas quando adoto a mentalidade de não desistir, continuo dando um passo por vez e fazendo o que sei que é bom para a mente, para o corpo e para a alma; bom para minhas emoções; bom para meu bem-estar.

O versículo de hoje normalmente é aplicado a quem ajuda os outros, e isso é certo, pois o autor da carta diz que devemos fazer o bem a todos (VEJA GÁLATAS 6:10). Portanto, lanço um desafio a você hoje: faça o bem a você mesma, à sua mente e ao seu corpo. Não se canse quando for difícil pôr em prática algumas rotinas, rituais e hábitos que discutimos no decorrer desta jornada. Você não vai se sentir bem todos os dias, eu sei. Contudo, não permita que o mau momento a impeça de fazer o que é bom, necessário e o que lhe proporciona bem-estar.

Concentre-se na colheita que está à sua espera — uma colheita repleta de bem-estar e saúde. Vale a pena insistir.

Minha confissão
Não vou desistir da minha luta por bem-estar e saúde.

O mau momento é só isto: um mau momento.

Progresso, não perfeição
Planeje fazer uma coisa hoje que seja intencionalmente boa para sua mente.

Deus da colheita, sei que vou colher o que plantei. Dá-me força para continuar seguindo em frente quando atravesso um mau momento. Quero fazer o que é bom para minha mente, corpo e alma. Amém.

Eclesiastes 9:1-7

LISTA DE DESEJOS

*Portanto, vá, coma com prazer a sua comida
e beba o seu vinho de coração alegre, pois Deus
já se agradou do que você faz.*

ECLESIASTES 9:7

A expressão *bucket list* (lista de desejos) tornou-se muito conhecida depois do lançamento de um filme com o mesmo nome*. Embora eu não recomende fazer coisas perigosas e quase mortais só para "viver", penso que existe algum valor em criar uma lista de coisas que você sempre quis fazer, mas nunca fez ou não faz há muito tempo. A elaboração dessa lista pode libertar sua mente para sonhar com expectativa com uma época em que você se sinta melhor.

Mas, na verdade, pôr em prática alguns itens de sua lista é melhor ainda. Isso proporciona uma emoção e sensação de realização ao mesmo tempo que permite que você desfrute de uma atividade que tanto almejava fazer. Isso vai ajudá-la a procurar ansiosa por uma atividade e lhe dar a esperança de ver tempos melhores que os períodos nublados que você vê atualmente.

---

* N.T.: o filme foi exibido no Brasil com o título *Antes de partir*.

Minha lista muda conforme eu mudo, porém, aqui há uns poucos exemplos do que incluí em minha lista de desejos. Sinta-se à vontade para pegar alguns emprestados, mas, por favor, dê a si mesma a alegria de pensar em seus próprios desejos.

Admito que tenho problema em pensar no que quero durante tempos de tristeza profunda. Não sei, não consigo pensar direito. Contudo, quando me sinto melhor, acrescentar itens à essa lista se torna mais fácil. Se você não conseguir pensar muito quando estiver abatida, tudo bem; há sempre a possibilidade de repensar seus desejos posteriormente.

Como você pode ver, eu tento incluir atividades como férias de luxo, bem como outras que praticamente podem ser feitas amanhã e com pouco dinheiro.

- Andar a cavalo;
- Voar em um balão de ar quente;
- Fazer uma blusa ou vestido para mim. Bom, antes de tudo, aprender a costurar;
- Patinar. À medida que envelheço, essa atividade vai sendo eliminada, mas a liberdade que as pessoas sentem ao patinar em um rinque me atrai muito;
- Escalar uma montanha;
- Férias com minha irmã.

Minha confissão
Vou me esforçar para viver e pôr em prática as atividades da minha lista de desejos.

Você pode editar sua lista de desejos.

Progresso, não perfeição
Você sabe como vai ser. Faça apenas uma coisa ou se empenhe em fazê-la.

Deus maravilhoso, renova minha mente e espírito, para que eu volte a ver as aventuras da vida. Concede-me o desejo de tentar algo novo. Amém.

Hebreus 12:10-12

DISCIPLINA NAS REDES SOCIAIS

Nenhuma disciplina parece ser motivo de alegria no momento, mas sim de tristeza. Mais tarde, porém, produz fruto de justiça e paz para aqueles que por ela foram exercitados.

HEBREUS 12:11

Desde o meu primeiro episódio comprovado de depressão, passamos a ter uma ferramenta às vezes maravilhosa chamada redes sociais. Preciso dizer que sofrer de depressão em um mundo desprovido das milhões de imagens exibidas em meu pequeno celular foi difícil, mas conviver com qualquer doença mental, seja ela depressão, tristeza profunda ou ansiedade, tendo acesso às redes sociais, é algo que faz parte de outro nível completamente diferente.

Antes que você diga o que muitos dizem — "Livre-se delas!" —, me atrevo a dizer que alguns de nós usamos as redes sociais para fins profissionais e para promover livros, portanto, se livrar totalmente delas é impraticável. E há alguns benefícios em estar conectado, mesmo que seja apenas por meio de uma rede virtual.

No entanto, me permita compartilhar algumas palavras de cautela, caso você esteja sofrendo com problemas de saúde mental durante estes tempos de uso grandemente difundido das redes sociais.

- Não é o que parece. Eu sei: ela está deslumbrante naquele vestido; o marido dela parece adorá-la; os filhos são perfeitos. Eu, pessoalmente, não gosto do dia de tirar fotos, é estressante demais arrumar o cabelo, estar bem-vestida e assim por diante. Mas deixe-me dizer-lhe que as fotos são unidimensionais. Não conhecemos a história inteira; só o que a pessoa a postou. Se você se parece um pouco comigo, cria mentalmente as milhares de palavras que vão na legenda da foto que foi postada. A pessoa está ganhando muito dinheiro, então não tem contas para pagar como eu; o marido participa de tudo e é ativo, então ela não precisa pedir que ele faça uma tarefa, como a maioria de nós; os filhos parecem perfeitos e tiram as melhores notas em todas as matérias, então não há necessidade de forçá-los a ter aulas particulares ou a estudar mais como acontece aqui em casa. Entendeu? Então, faça um grande favor a você e continue rolando a tela; se vir uma linda foto, dê um "curtir" e vá em frente. Evite inventar uma história em sua mente. Você não vai acertar, confie em mim.
- A comparação é maligna. Ora, sei que a Bíblia diz que o dinheiro é a raiz de todos os males, mas posso dizer que a comparação vem em segundo lugar. Certa vez, ouvi uma maravilhosa analogia de um sermão que dizia que comparamos nosso interior, a forma como estamos nos sentindo, com o exterior de alguém, ou seja, como nós o vemos. Você vai perder todas as vezes, principalmente quando está triste ou abatida, pois todos vão parecer estar vivendo tempos melhores que você.
- Tome cuidado ao rolar a tela sem pensar. Essa é uma das armadilhas em que caio quando não quero fazer

nada. Quando não há exagero, não vejo problema nisso. Há alguns memes e vídeos muito divertidos e algumas histórias inspiradoras para conhecermos. Confie em mim: o que aparece no Facebook aparece também no Instagram, no Twitter e em outras plataformas. Por isso, quando você se pegar só olhando para o celular e clicar em outro aplicativo para ver o que está acontecendo lá, pense seriamente em procurar outra coisa para fazer. Leia um livro físico; folheie uma revista física; ligue para uma amiga, tire um cochilo, ore ou procure um jogo de inteligência, que envolva sua mente, em seu celular, *tablet* ou computador. Faça algo que produza bem-estar mental.

Minha confissão
Vou tomar cuidado com o uso que faço das redes sociais.

Rolar a tela sem pensar pode ser uma armadilha.

Progresso, não perfeição
Quando estiver nas redes sociais, preste atenção ao tempo gasto; dê a si mesma um tempo para rolar a tela e depois faça outra coisa.

Deus santo, dá-me a disciplina de que necessito para utilizar as ferramentas das redes sociais de maneira sábia e útil. Ajuda-me a procurar inspiração e encorajamento em vez de comparar como me sinto em relação à aparência dos outros. Amém.

Salmo 126

PONTO E VÍRGULA

*Aqueles que semeiam com lágrimas,
com cantos de alegria colherão.*

SALMO 126:5

Você já viu alguém com uma tatuagem de ponto e vírgula em alguma parte do corpo? É um símbolo muito forte. A tatuagem de ponto e vírgula geralmente significa que a pessoa luta com problemas de saúde mental como a depressão, e talvez já tenha pensado em tirar a própria vida. A pessoa com essa tatuagem é solidária ao movimento que busca trazer maior conscientização sobre a saúde e o bem-estar mental como um todo.

E por que o ponto e vírgula? Em nossa gramática, você provavelmente aprendeu que este símbolo é usado quando duas frases estão intimamente relacionadas. O escritor não coloca ponto final entre dois trechos para sinalizar ao leitor que a próxima frase é muito importante e está extremamente ligada à anterior.

Em termos de saúde, o ponto e vírgula significa que a pessoa com doença mental não colocou um ponto final em sua história. A história ainda não terminou. Aguarde; ainda tem mais. Continue lendo minha história; ela não terminou. Por ser fã ardorosa da gramática, a mensagem do ponto e vírgula repercute fortemente em mim. Tenho visto algumas pessoas com essa tatuagem no corpo e gostaria de acenar com a cabeça para elas ou fazer um sinal de positivo e dizer: "Muito bem!".

Sua história também não tem um ponto final. Se você está lendo este livro, continua aqui e ainda é capaz de criar uma história diferente do que você sente neste momento. O ponto final significaria que sua vida acabou; o ponto e vírgula significa que há mais nela, e você está aqui para completá-la.

> *Como mencionei antes, se você deseja colocar um ponto final em sua vida e escrever a última sentença de sua história, por favor, procure ajuda. O Centro de Valorização da Vida (CVV) funciona ininterruptamente, disque 188. Não tenha vergonha de usá-lo. Há muitas pessoas torcendo por você, esperando que você acrescente um ponto e vírgula a esta frase, não um ponto final.*

Há um hino antigo intitulado *Please Be Patient with Me* ("Por favor, sê paciente comigo", tradução livre) que nos lembra que Deus continua a trabalhar em cada um de nós. Respire fundo ou descanse, se necessário, mas, por favor, coloque um ponto e vírgula no fim daquela frase porque há mais para você escrever.

Como diz o salmo de hoje, mesmo quando você semeia com lágrimas, poderá colher com alegria. Siga em frente; o fim ainda não chegou.

Minha confissão
Minha história não terminou.

O ponto e vírgula sinaliza para o leitor seguir em frente; a história continua.

Progresso, não perfeição
Desenhe ou pinte um ponto e vírgula e coloque-o em um lugar bem visível para você lembrar que sua história não terminou.

Criador da minha história, prometo não colocar um ponto final em minha história. Quero viver para ver o que há a seguir. Dá-me tudo de que necessito para seguir em frente, rumo à cura e bem-estar. Amém.

Romanos 8:25-27 — 85

QUANDO É DIFÍCIL ORAR

Da mesma forma o Espírito nos ajuda em nossa fraqueza, pois não sabemos como orar, mas o próprio Espírito intercede por nós com gemidos inexprimíveis.

ROMANOS 8:26

Se você ainda não percebeu, sou sensível demais às formas como a depressão é capaz de distorcer nossa mente e nossos pensamentos. Coisas que normalmente entendemos com facilidade e conhecemos muito bem no íntimo são, de alguma forma, deturpadas e nos fazem sentir incapazes como se nunca tivéssemos ouvido falar delas. No meu caso, uma dessas coisas é a oração.

Sou uma pessoa de grande fé, mas quando estou enfrentando um episódio depressivo, tenho muita dificuldade para orar. Quando não estou nessa condição, eu me conecto com Deus e valorizo demais os momentos em que converso com Ele, compartilho minhas preocupações, oro pelos outros e simplesmente o louvo. Mas, se eu estiver em estado depressivo, permaneço em silêncio, sem dizer uma palavra sequer.

Às vezes literalmente me esqueço de orar. Há dias em que me sinto tão mal que tenho de perguntar a mim mesma se parei para orar. Alguém pode pensar que essa sensação de angústia é o momento certo para fazer isso, mas não é assim que as coisas funcionam o tempo todo. No entanto, o versículo de hoje me consola quando estou atravessando esses momentos em que orar é difícil ou quando não penso espontaneamente nisso.

O Espírito de Deus, que habita em mim por eu ser uma pessoa de fé, é capaz de transformar meus gemidos em orações. Meus pensamentos silenciosos e resmungos interiores são orações. Uau! Isso é algo para celebrar e recordar, principalmente nos dias difíceis em que simplesmente não queremos ou não temos condições de orar. Quando isso acontecer, saiba que o Espírito de Deus está com você, transformando sua turbulência interior em um vibrante apelo ao Senhor.

Deixe de lado o estresse e a vergonha por não conseguir orar. Permita que o Espírito de Deus faça o que Ele faz e interceda apenas por você. Saiba que Deus a chama pelo nome e que Ele ainda ouve você, conhece você e está trabalhando em seu favor. Isso pode ser suficiente para ajudá-la a dar apenas mais um passo hoje.

Minha confissão

Vou descansar na certeza de que o Espírito de Deus intercede por mim quando não consigo orar.

O Espírito de Deus interpreta nossos gemidos.

Progresso, não perfeição

Alegre-se por saber que o Espírito Santo é seu intercessor.

Deus santo, obrigada pela dádiva de ter um intercessor verdadeiro. Sei que conheces o que se passa dentro de mim e o que necessito para hoje. Amém.

Lamentações 3:1-24 — 86

RENDA-SE AO LAMENTO

Graças ao grande amor do Senhor é que não somos consumidos, pois as suas misericórdias são inesgotáveis. Renovam-se cada manhã; grande é a sua fidelidade! Digo a mim mesmo: A minha porção é o Senhor; portanto, nele porei a minha esperança.

LAMENTAÇÕES 3:22-24

Tenho de admitir que raramente leio Lamentações. Sei que é nesse livro que encontramos a base para o belo hino "Tu és fiel, Senhor", um de meus favoritos, mas, por algum motivo, é raro eu ser atraída a um dos livros do bloco profético do Antigo Testamento, do qual Lamentações faz parte. Mas todas as vezes que me disponho a ler um desses livros, a compaixão de Deus sempre me impressiona.

Também é útil entender o contexto e as cenas desses livros, principalmente quando estamos no auge da depressão. Por quê? Porque os profetas não estavam pregando durante tempos maravilhosos. Muitos estavam profetizando exílio e castigo para os israelitas. Outros estavam bem no meio do deserto do cativeiro. Foram forçados a sair de sua terra amada e viver entre inimigos, ou pior ainda, forçados a trabalhar para eles.

Ao ler Lamentações 3, lembro novamente que as pessoas de fé sofreram de tristeza profunda por muito tempo e a superaram. Refletir nas palavras e emoções que transpiram neste livro me transmite um pouco de paz. Não sou a única que sofre, nem estou perto disso. As circunstâncias podem ter sido diferentes, mas outras pessoas também sofrem aflição e desolação, alguns subprodutos bem sérios da depressão, quer tenha sido causada por suas ações ou não!

Porém, em meio à dor e sofrimento, ao lamento e ao gemido, se encontram os belos versículos que inspiraram muitas de nós a continuar a caminhada. Eles são um lembrete de que cada manhã representa novas misericórdias de Deus; a grande compaixão divina é derramada sobre nós a cada novo dia.

Sei que conviver com a tristeza profunda pode dar a sensação de isolamento e solidão, mas você pode usar as palavras dos profetas para lembrar que Deus continua ao seu lado. Ele continua derramando novas misericórdias todos os dias. Respire uma delas agora mesmo.

Minha confissão
Vou usar as profecias do Antigo Testamento para me lembrar da compaixão de Deus.

As pessoas de fé sofreram de tristeza profunda por muito tempo e a superaram.

Progresso, não perfeição
Escolha um livro profético para ler durante esta semana.

Deus de tudo e de todos, sei que permitiste que meus antepassados sofressem muitas provações e tribulações; sei que estás ao meu lado. Aguardo Tuas novas misericórdias a cada novo dia. Amém.

Filipenses 3:12-14 — 87

PROGRESSO, NÃO PERFEIÇÃO

Não que eu já tenha obtido tudo isso ou tenha sido aperfeiçoado, mas prossigo para alcançá-lo, pois para isso também fui alcançado por Cristo Jesus.

FILIPENSES 3:12

Paulo conhecia o significado de lutar e creio que podemos usar suas palavras para continuar a lutar por nossos objetivos. Ainda não chegamos lá. Se tivéssemos chegado, não precisaríamos de um livro sobre como lidar com dias cinzentos. Não precisaríamos de tantos lembretes para nos agarrar ao que já sabemos, ser encorajadas a dar um passo por vez, fazer as pequenas coisas que nos conduzem em direção à luz.

Sou muito grata pelo meu grupo de amigas. Uma de minhas citações favoritas e de autoria de uma amiga querida é: "progresso, não perfeição". Essa amiga é muito parecida comigo. Ficamos agoniadas por querer fazer o nosso melhor o tempo todo. De modo semelhante aos perfeccionistas em recuperação, estamos aprendendo nesta jornada da vida que não somos capazes de alcançar a marca da perfeição o tempo todo; não temos sequer energia nem vontade para alcançar isso. Mas isso não significa que devemos parar, sem ao menos tentar.

Creio que, se você considerar esta jornada rumo à cura completa e ao bem-estar exatamente pelo que ela é: uma jornada, vai reconhecer que, em alguns dias, você vai dar passos largos e, em outros, sentirá que não conseguiu dar passo algum. Mas eu garanto que se você não desistir nem desanimar, vai continuar a avançar, mesmo que lentamente. Não é necessário dar passos gigantescos o tempo todo; você não pode dar passos grandes sempre, mas o que pode fazer é considerar sua jornada como um progresso. Você está chegando cada vez mais perto do bem-estar todos os dias que sai da cama e vive.

Não permita que sua mente pregue uma peça em você e distorça seus pensamentos; você não tem que ser perfeita todos os dias em tudo o que faz. Não precisa sequer fazer a maioria das coisas de modo perfeito. Escolha uma das sugestões de "Progresso, não perfeição" deste livro e coloque-a em prática. Se não conseguir, tente de novo amanhã.

Nas palavras de Paulo: prossiga. Você vai chegar lá, porque se trata de progresso, não de perfeição.

Minha confissão
Vou buscar progresso, não perfeição.

O caminho para o bem-estar é uma jornada.

Progresso, não perfeição
Escolha uma sugestão mencionada em uma reflexão devocional anterior e coloque-a em prática hoje.

Senhor de tudo e de todos, ajuda-me a prosseguir. Ajuda-me a seguir em frente, não importa como me sinto. Sei que não preciso ser perfeita para ir adiante. Amém.

NOTA DA AUTORA

Nestas reflexões devocionais finais, quero insistir, com mais força, com mais palavras de encorajamento e incentivo, mas também com algumas palavras desafiadoras. É o que tenho que dizer a mim mesma com amor às vezes: A luta cotra a depressão não é fácil; é muito difícil, mas sei que vale a pena lutar.

A vida do outro lado dos dias nublados é muito melhor. É como ver o mundo colorido em vez de cinzento. Eu sei que conviver com a depressão pode deixá-la abatida e prostrada, mas há também algumas coisas que considero necessárias para você avançar sempre que possível.

Confie em mim, eu sei que alguns dias não são ideais para estas palavras; portanto, por favor, leia-as depois de ter lido outras reflexões planejadas para lhe dar sugestões e ferramentas para você enfrentar a tristeza profunda, lidar com ela e vencer mais um dia.

Considere estes últimos devocionais como um desafio a você; eles são destinados àquelas que participaram da jornada comigo neste livro e estão dispostas a fazer o que é absolutamente melhor para si mesmas.

88 Tiago 2:14-24

É TRABALHOSO

Insensato! Quer certificar-se de que a fé sem obras é inútil?
TIAGO 2:20

O debate sobre fé e obras é comum nos círculos cristãos. Gostaria de aplicá-lo à sua luta com a depressão. Espero que você tenha fé que Deus pode curá-la; sei que você tem orado por cura e bem-estar, mas chegou a hora de perguntar a si mesma: O quanto tenho trabalhado para isso?

Você sabe que defendo a ideia de que você seja gentil consigo mesma, ouça o que seu corpo diz, descanse e assim por diante. Em minha experiência, essas atividades são absolutamente essenciais para a cura, e até elas exigem trabalho. Se você tem a intenção de cuidar de seu corpo, mente e alma, vai ter de lutar contra o desejo de trabalhar sem parar ou de ser preocupada e ansiosa. Até o descanso exige trabalho e intencionalidade.

Há, porém, outras ferramentas mencionadas neste livro que exigem um nível diferente de trabalho. É o trabalho de "avaliar e contornar os motivos pelos quais você não pode fazer algo". Com Deus ao seu lado, você pode desfrutar da cura completa, mas é você que vai ter de fazer o trabalho.

Os bons amigos podem conduzi-la a Jesus, dar-lhe apoio e estar junto de você, mas é você que vai ter de dar um passo à frente, se esforçar e ser verdadeira consigo mesma e com seu terapeuta, se escolheu um; é você que vai ter de respirar fundo e parar quando o estresse quiser destruí-la — ele vai querer, pois a vida é assim.

Você está pronta para realizar o trabalho difícil? Que motivos continua a usar para não pôr sua fé em prática, mesmo sabendo que a cura está do outro lado, e dar passos firmes em direção à cura total? Ore por esses motivos agora e, quando estiver pronta, comece um plano "progresso, não perfeição".

Seja gentil, porém firme consigo mesma. Você tem valor. E somente você é capaz de fundir sua fé com ações e fazer o trabalho difícil.

Minha confissão
Vou fazer o trabalho.

É você que vai ter de fazer o trabalho.

Progresso, não perfeição
Coloque seu plano em ação. Escreva três passos que vão conduzi-la à cura total e acrescente uma linha do tempo.

Deus de tudo e de todos, dá-me a força, a sabedoria e o impulso de que necessito para caminhar rumo à cura completa. Mostra-me como superar quaisquer motivos que eu tenha para não seguir em frente. Amém.

89 Provérbios 3:4-6

ADIE A TOMADA DE DECISÕES

*Confie no Senhor de todo o seu coração
e não se apoie em seu próprio entendimento; reconheça
o Senhor em todos os seus caminhos,
e ele endireitará as suas veredas.*

PROVÉRBIOS 3:5-6

Anteriormente neste livro, mencionei a importância de não tomar decisões importantes quando estamos abatidas, mas acho que vale a pena repetir. Na verdade, uma história sobre cautela pode ser o melhor exemplo. Lembro-me de uma ocasião quando decidi algo enquanto estava deprimida e que poderia ter me prejudicado pelo resto da vida.

Sem entrar em muitos detalhes, para proteger as partes não tão inocentes, inclusive eu mesma, vou dizer que iniciei e continuei um relacionamento que eu sabia desde o início que não era certo. Havia *red flags** (bandeiras vermelhas, em tradução livre) e alertas de perigo por toda parte. Na verdade, eu não gostava da pessoa e, no fundo, sabia disso.

---

* N.E.: o termo tem se popularizado para referir-se a comportamentos abusivos, como ciúmes e agressividade, aos quais devemos nos atentar nos relacionamentos. Em contraposição, *green flags* (bandeiras verdes) representam comportamentos positivos.

Eu já havia questionado a ética daquela pessoa antes de começarmos a namorar, ele tinha me contado algumas histórias que me deixaram um pouco chocada. Acho que cheguei até a compartilhar essa preocupação com outra amiga. No entanto, quando a pessoa me ligou e me convidou para sair, eu só queria dar um passeio, fazer alguma coisa para afastar o que estava sentindo. Vi a oportunidade como um meio de superar a depressão.

Como eu estava errada! Uma decisão levou a outra e, antes de perceber, eu me vi em um relacionamento em estágio avançado. Continuava muito deprimida. Na verdade, as complexidades do relacionamento me deixaram mais deprimida ainda. Meu "parceiro" reconhecia minha depressão e apresentou algumas maneiras de curá-la; e que, obviamente, beneficiavam mais a ele do que a mim.

Faz muito tempo que perdoei essa pessoa, bem como a mim mesma, por minhas decisões. Graças a Deus por isso; pois não foi fácil, mas necessário. No entanto, fico pensando como minha cura teria sido diferente se eu tivesse parado um pouco antes de tomar a decisão de entrar naquele relacionamento. Eu poderia ter dito: *Mulher, você não está em seu melhor estado mental neste momento. Não faça isso!*

Agradeço a Deus pela ajuda que recebi para abandonar aquele relacionamento; ainda lamento certas coisas que fiz ao terminá-lo e a perda de algumas amigas — porque, como em um divórcio, as pessoas escolhem de que lado ficar. Mas aprendi uma lição valiosa: não tomar decisões importantes quando sei que não estou me sentindo bem.

Dê a si mesma o presente de adiar decisões importantes durante tempos de vulnerabilidade.

Minha confissão
Não vou tomar decisões importantes quando sei que não estou me sentindo bem.

Dê a si mesma o presente de só tomar decisões importantes quando sentir que está em seu bom estado.

Progresso, não perfeição
Comemore o fato de dizer "agora não". Lembre-se de que, ao adiar uma decisão, você está fazendo a melhor escolha.

Deus, dá-me sabedoria e discernimento para fazer uma pausa. Ajuda-me a não tomar decisões apressadas, principalmente quando não estou nas minhas melhores condições. Com Tua ajuda, quero fazer boas escolhas em todas as áreas da minha vida. Amém.

João 16:32-33 — 90

VOCÊ VAI VENCER

Neste mundo vocês terão aflições; contudo, tenham ânimo! Eu venci o mundo.
JOÃO 16:33

Um de meus programas de controle ou perda de peso faz a pertinente pergunta: Você acredita que pode perder peso e mantê-lo? Eu a achava um tanto peculiar, mas, ao pensar mais nela, percebi que era disso que eu mais necessitava.

Quando acredito que sou capaz de fazer algo, chego um passo mais perto de conseguir. Se eu não acreditar, não vai acontecer nada porque sou parte da equação para o sucesso. Vou sabotar meus esforços e perder a motivação. Vou usar todos os meus erros e obstáculos do passado como razões para não conseguir em vez de aprender lições na jornada. Um tropeço será uma desculpa para acabar com a motivação. A tentação vai me tirar do jogo, tudo porque não acredito que posso ter sucesso.

A luta com a depressão é mais ou menos assim. É claro que você precisa aplicar outras ferramentas mencionadas ao longo deste livro, bem como entender as múltiplas causas e circunstâncias que contribuem para a tristeza profunda. Precisa também percorrer a estrada e reconhecer as complexidades da doença. Mas você acredita que o bem-estar a espera nesta jornada? Acredita que pode viver de modo diferente e completo?

Se disser "sim", está pronta para colocar em ação tudo o que discutimos neste livro e ir além. Está pronta para fazer o que for necessário a fim de caminhar em direção ao seu objetivo, que inclui falar as duras verdades a você, ser gentil com você mesma, quando for necessário, encontrar a ajuda de que necessita, estabelecer limites e muito mais.

Não é uma caminhada fácil. Jesus nos lembra que as provações e as tribulações fazem parte da vida. Mas eu amo a segunda parte do versículo de hoje quando o Mestre nos lembra de ter bom ânimo, esperança e coragem! Por quê? Não porque teremos problemas de muitos tipos, não porque a depressão e a tristeza profunda poderão fazer parte de nossa vida. Não; podemos ter bom ânimo e coragem porque temos Jesus, que venceu o mundo.

O exemplo dele nos mostra que somos vencedoras. Lembra-nos de que o problema com o qual estamos lidando hoje não vai durar para sempre; a aflição pode ser vencida. Jesus a venceu. Com a ajuda de Deus, você pode vencer também. Você acredita nisso?

Minha confissão
Creio que posso ser curada.

Jesus disse que teríamos aflições, mas lembrou que devemos ter bom ânimo porque Ele venceu o mundo.

Progresso, não perfeição

Escreva uma carta para você, dando-lhe coragem para prosseguir sua jornada rumo à cura plena.

Deus Todo-poderoso, eu te agradeço por todos os meios e recursos que criaste para mim. Dá-me discernimento e força para escolhê-los com sabedoria e colocá-los em ação. Creio que me ajudarás a ser curada por inteiro. Amém.

SOBRE A AUTORA

Katara Washington, colaboradora habitual de *Our Daily Bread* (Pão Diário), é editora-chefe da Our Daily Bread Publishing e autora de oito livros. Além de *Dias cinzentos*, ela escreveu *Successful Women of the Bible* (Mulheres de sucesso na Bíblia, tradução livre), *Successful Moms of the Bible* (Mães de sucesso na Bíblia, tradução livre), *Successful Leaders of the Bible* (Líderes de sucesso na Bíblia, tradução livre), *Inspiration for Christian Teen Girls* (Inspiração para adolescentes cristãs, tradução livre), *Joyous Advent* (Advento jubiloso, tradução livre), *5-Minute Devocional Book for Women* (Devocionais de 5 minutos para mulheres, tradução livre) e *The Parables of Jesus Coloring Book Devotional* (Devocionais das parábolas de Jesus para colorir, tradução livre).

Ela trabalhou nos departamentos de editorial e aquisições da Weekly Reader Corporation, revista *Jet*, Urban Ministries, Inc. (UMI), McGraw Hill, *The African American Pulpit*, *The Chicago Defender*, Tyndale House Publishers e revista *Christian Century*. Em 2014, foi eleita editora de não-ficção do ano pela Advanced Writers and Speakers Association (AWSA).

A autora se graduou *summa cum laude* (com a maior das honras) pela Dillard University (New Orleans, Los Angeles,

EUA) com bacharelado em comunicações em massa e inglês. Recebeu diploma de mestrado em jornalismo na publicação de revistas pela Medill School of Journalism da Northwestern University (Evanston, Illinois, EUA). Também recebeu diploma de mestrado em teologia pelo Garrett-Evangelical Theological Seminary (Evanston, Illinois, EUA).

Katara é natural de Thibodaux, Louisiana, EUA. Ela e seu marido, Derrick, residem na zona sul de Chicago. O casal tem uma filha chamada Kayla. A autora é membro da Trinity United Church of Christ, em Chicago. Sempre que possível, participa de aulas de zumba e de uma partida de palavras cruzadas para manter a vida equilibrada.

Se você gostou desta leitura, compartilhe com outros!

- Presenteie alguém com um exemplar deste livro.
- Mencione-o em suas redes sociais.
- Escreva uma avaliação sobre ele em nosso site ou no site da loja onde você o adquiriu.
- Recomende este livro para a sua igreja, clube do livro ou para seus amigos.

Ministérios Pão Diário valoriza as opiniões e perspectivas de nossos leitores. Seu *feedback* é muito importante para aprimorarmos a experiência de leitura que nossos produtos proporcionam a você.

Conecte-se conosco:

Instagram: paodiariooficial
YouTube: @paodiariobrasil
Facebook: paodiariooficial
Site: www.paodiario.org

Ministérios Pão Diário
Caixa Postal 9740
82620-981 Curitiba/PR

Tel.: (41) 3257-4028
WhatsApp: (41) 99812-0007
E-mail: vendas@paodiario.org

Escaneie o QR Code e conheça todos os outros materiais disponíveis em nosso site:

publicacoespaodiario.com.br